# ÉTUDE
## SUR
# MAINE DE BIRAN

D'APRÈS

## LE JOURNAL INTIME DE SES PENSÉES

PUBLIÉ PAR M. ERNEST NAVILLE

PAR

## AUGUSTE NICOLAS

> La religion résout seule les problèmes que la philosophie pose.
> MAINE DE BIRAN.

---

PARIS

**AUGUSTE VATON, LIBRAIRE-ÉDITEUR**

50, RUE DU BAC

1858

Reserve de tous droits.

In the interest of creating a more extensive selection of rare historical book reprints, we have chosen to reproduce this title even though it may possibly have occasional imperfections such as missing and blurred pages, missing text, poor pictures, markings, dark backgrounds and other reproduction issues beyond our control. Because this work is culturally important, we have made it available as a part of our commitment to protecting, preserving and promoting the world's literature. Thank you for your understanding.

# ÉTUDE
### SUR
# MAINE DE BIRAN

Tous les exemplaires non revêtus de la signature ci-dessous seront réputés contrefaits.

Paris. — Imprimerie de P.-A. BOURDIER et Cⁱᵉ, rue Mazarine, 30.

# AVANT-PROPOS

Je n'oublierai jamais l'effet produit sur madame de Swetchine [1] par l'annonce que je lui fis du *Journal intime* de Maine de Biran. Elle était dans ce célèbre salon de la rue Saint-Dominique, dispersé maintenant en pieux débris dans toute l'Europe, mais impérissable et permanent dans la mémoire de tous ceux qui s'y sont rencontrés. Elle se leva, prit une

---

[1] Ce nom vénéré, que des voix pénétrées et éloquentes ont déjà traduit au public, et qui se révélera bientôt lui-même par un organe plus initié et plus recueilli, appartient désormais à l'histoire intellectuelle et morale de la société au dix-neuvième siècle. Contenu par le respect et voilé par l'amour, durant la vie de celle qui l'a rendu si honoré et si cher, il éclate et il rayonne, après sa mort, en une mémoire qui ne finira pas.

de ces feuilles légères sur lesquelles elle burinait en airain ses impressions, et, s'avançant vers moi, elle me dit, dans un tremblement d'émotion : « Tenez, voyez cette note qui n'a « pas quitté ma vue depuis six ans; elle té- « moigne de tout le plaisir que vous me fai- « tes, en m'annonçant une publication dont « elle porte le pressentiment et le vœu. »

Bien d'autres âmes élevées ont reçu de l'apparition de ce livre la même impression, que sa lecture a confirmée. Le P. Gratry l'a signalé, aussitôt, par la parole et par la plume, en l'appelant un *événement;* et naguère encore un esprit de la même famille, à qui je venais de lire quelques-unes des citations qu'on trouvera dans cette *Étude*, me disait que le jour où il avait reçu cette communication resterait comme un des plus signalés de sa vie.

Comment se fait-il, cependant, qu'un livre qui a reçu un tel accueil, un livre qui confine à Platon, à Leibnitz, à Pascal, à Fénelon, aux *Confessions* de saint Augustin et à l'*Imitation*, avec un caractère profondément individuel et distinct, un livre enfin qui joint toute l'émotion d'une douloureuse destinée à tout l'intérêt de la philosophie et de la foi, n'ait pas eu plus de retentissement dans le monde des esprits et des âmes, et ne se soit pas classé dans toutes les bibliothèques comme le manuel de cette multitude de consciences que travaille, de nos jours, la vérité? Faut-il en attribuer la cause à la suspension d'un tel travail dans les âmes, à l'insensibilité intellectuelle et morale qu'on reproche si fort à notre temps? Ce serait abuser, selon nous, de ce qu'il pourrait y avoir de vrai dans cette explication que de ne pas en chercher d'autre. Or, il est deux causes qui, dès le premier jour, ont dû faire présager la froideur réservée à ce livre: l'une parmi les philosophes; l'autre parmi les croyants; toutes deux parmi cette multitude hésitante qui reçoit indifféremment l'impulsion des deux côtés.

Les philosophes, j'entends par là les incrédules, les sceptiques de toute sorte, les purs rationalistes de parti pris, ont très-bien vu dans le *Journal intime* une autorité de raison, de sincérité et d'expérience accablante pour eux. Ils se sont donc gardés de le signaler; ils l'ont excommunié par leur silence; ils lui ont refusé l'eau et le feu de la célébrité; et, comme ils disposent de presque toutes les voix et de tous les échos de la renommée, ils n'ont eu pour cela qu'à s'abstenir. Conduite bien étrange et bien significative, lorsqu'on considère tous les titres d'une telle publication à leur religieux empressement : le nom de l'auteur qui fut leur maître, l'intérêt philosophique engagé, la valeur psychologique et littéraire de ces pages profondes et émouvantes, la curiosité même qu'éveille une réapparition et une résurrection si posthumes; mais conduite qu'on s'expliquera d'autant plus aisément qu'on saura que le même sentiment qui l'a inspirée a failli nous priver à jamais de cette précieuse publication, et l'a retardée de trente années. Voilà ce qui devait arriver du côté des philosophes.

Quant aux chrétiens, qui auraient dû tirer avantage pour la vérité et l'honneur de leur foi des témoignages du *Journal intime*, en raison même de cette conduite des philosophes, faut-il attribuer leur indifférence au profond désintéressement qui respire dans cet écrit, comparé aux préoccupations de polémique qui les agitent et les partagent ? Une autre cause me paraît avoir influé plus directement sur leur appréciation. Le sentiment général des croyants, même des indifférents, est catholique en France, et le *Journal intime* a paru sous un cachet protestant. La librairie Cherbuliez, d'où il sort, est protestante ; l'éditeur et le premier appréciateur qui le recommande dans une étude biographique sur Maine de Biran qui occupe le tiers du volume, M. Ernest Naville, est protestant. C'en était assez pour refroidir le public croyant à l'égard de cette publication. Sans doute il aurait suffi d'en soulever la couverture, et de pénétrer un peu dans cette étude de M. Ernest Naville pour se convaincre qu'on avait affaire à un éditeur dégagé de toute préoccupation de dissidence, et animé d'un sentiment des plus estimables de foi chrétienne ; sentiment qui seul l'avait porté à cette publication, et qui, loin de contredire les conclusions catholiques qu'on pouvait vouloir en tirer, y donnait lieu, sans le savoir, par des *desiderata* sur la foi de Maine de Biran auxquels le Catholicisme seul peut satisfaire : n'importe, le préjugé de défiance l'a emporté, et il faut convenir que, pour les cœurs susceptibles en ce qui touche les intérêts de la foi, ce préjugé était légitime.

Ainsi, trop mystique pour les philosophes, suspect d'hérésie pour les croyants, ignoré, par suite, de la multitude des lecteurs qui flottent entre deux, le succès du *Journal intime* ne pouvait que se trouver retardé parmi ces écueils.

Je dis retardé ; car il ne faut pas croire que l'avenir de telles pages puisse dépendre absolument des défaveurs ou des contre-temps de leur publication [1]. Les livres ont plus d'un genre de succès, plus d'un genre de public. Il y a le public de vogue, toujours prêt à courir

[1] Le *Journal intime* n'en aura pas moins, si nous sommes bien informé, épuisé sa première édition en moins d'un an; mais il mérite un succès croissant, et il l'aura.

aux appels de la réclame, qui s'écoule aussi vite qu'il s'est grossi, et qui fait pour les hommes sages l'expérience de la déception ; et il y a un public plus avisé, plus patient, plus lent, mais plus arrêté dans ses jugements, qui prise les livres selon ses impressions propres, les propage de bouche en bouche par le seul mobile de l'estime et la seule réclame du bon sens, et compose une sorte d'académie disséminée et invisible qui présage et commence déjà, sans bruit, la postérité.

C'est auprès de ce public que nous voudrions être le rapporteur du *Journal intime*, puisant en cela notre mission dans notre humble zèle pour la philosophie chrétienne, à laquelle nous avons donné des gages qui nous créent plus d'obligations que de droits, et qui, en cette occasion, nous commandent.

Nous sommes d'ailleurs jaloux de venir nous associer, après tant d'années, aux religieux et longs efforts des anciens amis de Maine de Biran, MM. Stapfer et Naville père, si bien continués par M. Ernest Naville, pour mettre en lumière l'héritage chrétien de ce grand philosophe, en le revendiquant pour le Catholicisme, auquel il a appartenu, et dans la profession duquel il est mort.

Nous n'avons pas besoin de dire maintenant à quel point de vue nous avons conçu notre travail. C'est une étude de fond et de principe ; c'est un acte de conviction et d'apostolat que nous avons entendu faire. M. Sainte-Beuve, rendant compte du *Journal intime*, avec cette dextérité de touche qui lui permet de cueillir la fleur sans remuer le fond des sujets qu'il traite, terminait son article par cette réflexion : « Quand on a bien lu, il naît, selon
« l'esprit et les dispositions qu'on y apporte,
« une foule de réflexions sur les problèmes
« les plus importants et les plus déliés de la
« condition humaine; mais la nature si délicate de ces problèmes fait qu'il vaut mieux
« que chacun tire sa leçon comme il l'entend, et boive l'eau de la source à sa manière. Je me suis borné à faire mon office
« et à montrer le chemin. »

Cette réserve de l'habile critique découvre

parfaitement notre dessein : nous partons précisément du point où il s'arrête. Nous ne saurions avoir, surtout après lui, la prétention de rendre un arrêt littéraire; nous nous sommes proposé un autre office : nous avons voulu agiter l'eau de la piscine, et réclamer pour la vérité.

Auguste NICOLAS.

Paris, 3 février 1858.

# ÉTUDE
## SUR
# MAINE DE BIRAN

## CHAPITRE PREMIER

**EXPOSITION**

Quelle que soit la légèreté ou la lassitude des esprits de ce temps, quel que soit même, chez plusieurs, le parti pris de leur opposition ou de leur réserve par rapport à la vérité, ces ingrates dispositions ne pourront faire que le *Journal intime* de Maine de Biran ne soit, pour tous, un fait profond, dans l'ordre de la conscience et de la pensée, et, comme on l'a déjà dit, un *événement*.

Le nom de Maine de Biran ne réveille chez la plupart aucune impression, aucun souvenir où l'intérêt puisse se prendre. On sait généralement qu'il fut un penseur qui participa à la renaissance du spiritualisme en France, et un honnête homme longtemps investi de la confiance de ses concitoyens dans la représentation du pays. Mais, philosophe, il n'a jamais eu d'auditoire, il a peu écrit et dans un style ardu. Homme public, il a *erré*, selon ses propres expressions, *comme un somnambule* parmi les événements où il a été mêlé, et d'où il a disparu depuis plus de trente ans sans y laisser de traces. Il est comme un mythe philosophique, reculé dans les abstractions de la pensée humaine, effacé dans le cadre de son temps, et enveloppé dans un vague sentiment de respect pour ce désintéressement même d'une vie qui n'a laissé après elle qu'un nom honoré, dans l'oubli.

Telle est la figure qui reparaît aujourd'hui au milieu de nous, avec une puissance qu'elle n'a jamais eue de son vivant, et qu'il faut expliquer.

Maine de Biran a eu une grande intensité de vie ; mais elle a été toute tournée en dedans : elle a été un secret pour ses contemporains, dont quelques-uns seulement l'ont soupçonnée. Ils n'ont eu en quelque sorte de cette vie que le revers ; la face leur en a été dérobée et n'apparaît qu'aujourd'hui. Cette face n'est pas celle du philosophe parlant à une académie, ou du citoyen reflétant les impressions de son temps : c'est celle de l'homme dans ce qu'il a de plus profond, de l'âme humaine dans ce qu'elle a de plus intime, s'observant, se surprenant et s'imprimant elle-même en des pages tracées avec une incomparable sincérité, dans le mystère de la conscience, et sous le seul œil de Dieu.

A cet intérêt général de l'exhibition d'une âme sœur et miroir de la nôtre, se joint un autre intérêt plus attachant. Maine de Biran a souffert. Ce philosophe était un homme, sérieux, naïf, gémissant. Il avait la noble maladie de toute âme qui se sent : la soif inquiète d'un autre bonheur, d'un autre repos, d'un autre bien que ceux dont se contentent les âmes vulgaires. Il avait ce qu'avait Job, ce qu'ont eu de nos jours René et Oberman, ce qu'a eu Jouffroy : la nostalgie de l'âme. Son *Journal intime* est un vrai drame intérieur, du plus haut et du plus instructif intérêt : c'est le voyage d'une âme à la recherche de son bien et de son repos. Enfouie d'abord, comme sous les décombres de la philosophie matérialiste du dernier siècle, cette âme se soupçonne et se découvre elle-même ; puis, avec sa spontanéité reconquise, elle s'enfonce dans les souterrains de sa nature, elle s'y creuse des issues, des soupiraux ; elle s'y construit des degrés d'ascension qui la rapprochent de plus en plus de l'air et de la lumière. Maintes fois le sol lui manque et semble l'ensevelir ; maintes fois, lassée, elle défaille et veut se faire une couche de son tombeau. Mais une merveilleuse inspiration de vie et de vérité la suscite : elle recommence son labeur, elle poursuit sa fouille ascensionnelle, elle avance, guidée par un instinct libérateur ; et enfin, elle entre en possession de son bien, et le reconnaît comme la fin de toutes ses tendances, la satisfaction de tous ses besoins, la réalisation et la certitude de son bonheur.

Et ce bien si chèrement acheté quel est-il ? Quel est donc le fruit d'or de cette douloureuse conquête ?... Le Christianisme, — la foi au Médiateur, — sa grâce obtenue par la prière.

C'est en cela, surtout, que le *Journal intime* de Maine de Biran apporte dans la balance des sentiments humains, sur la plus grande de toutes les questions, un nouveau poids considérable, un témoignage de la plus haute valeur, une expérience décisive en quelque sorte, puisque c'est l'âme humaine, dans son âme, qui l'a faite, dans des conditions incomparables de force, d'indépendance, de philosophie et de vérité.

Maine de Biran, en effet, était un puissant penseur. Il a été comme le Descartes de la philosophie de notre âge : *Notre maître à tous*, disait Royer-Collard : *Le plus grand métaphysicien qui ait honoré la France depuis Malebranche*, a dit M. Cousin, et *assurément le plus original de mes maîtres, s'il n'est pas le plus grand peut-être;* « car M. Laromiguière, tout en modifiant Condil« lac sur quelques points, le continue. M. Royer« Collard vient de la philosophie écossaise. « Pour moi, je viens à la fois et de la philoso« phie écossaise et de la philosophie allemande. « M. de Biran ne vient que de lui-même et de ses « propres méditations [1]. » Une plus haute idée

---

[1] *Nouvelles considérations sur les rapports du physique et du moral,* ouvrage posthume de Maine de Biran, Préface de M. Cousin, p. vi.

encore de la force de penser de Maine de Biran nous est donnée par lui-même, lorsque, la conscience de sa valeur faisant violence à sa rare modestie, il dit de lui : « Si j'avais habituelle-
« ment la pénétration et la capacité intellec-
« tuelle que je trouve en moi à certains jours,
« ou dans quelques bons moments, je porterais
« la lumière dans les plus profondes obscurités
« de la nature humaine, et j'étonnerais le
« monde savant[1]. » — « Qui sait tout ce que
« peut la réflexion concentrée, et s'il n'y a pas
« un nouveau monde intérieur qui pourra être
« découvert un jour par quelque Colomb méta-
« physicien[2]? »

C'est cette force prodigieuse de pensée et de réflexion que Maine de Biran a portée et concentrée dans la recherche du bien de l'âme. Ce Colomb métaphysicien dont il parle, c'est lui-même, et ce monde intérieur qu'il a découvert, c'est ce *Royaume de Dieu qui est au dedans de nous*[3], c'est le Christianisme ; et assurément,

---

[1] *Journal intime*, p. 184.
[2] *Ibid.*, p. 213.
[3] Évang. Luc, xvii, 21.

rien ne ressemble plus à un journal de découverte, rien n'en offre mieux les hardies inspirations, les aventureuses vicissitudes, les savants calculs, les glorieuses persistances et les bienheureuses arrivées que ce *Journal intime* de M. de Biran, depuis le jour où il se détache des rivages ténébreux et glacés du matérialisme, et où, tendant ses voiles au souffle de la pensée, et y recevant bientôt le souffle supérieur de l'Esprit de Dieu, il va de région en région, de découverte en découverte, attiré de plus en plus par les divines émanations de l'Inconnu, et salue enfin le continent de la vérité, de la paix et de la lumière, où il surgit en expirant.

Ce qui ne permet pas de décliner la savante autorité de cette expérience, c'est qu'en effet ses conclusions ont été une pure découverte, affranchie de tout antécédent et de tout préjugé. M. de Biran ne retrouvait pas la foi, car il ne l'avait pour ainsi dire jamais eue ; il la trouvait ; et il la trouvait librement, comme la solution d'un problème, par la seule opération de sa pensée et de sa volonté sur sa propre âme. Il le dit lui-même avec un accent de vérité d'autant moins suspect que c'est celui du monologue de son âme : « Dans ma jeunesse, écrit-il, à la « date de 1815, j'étais prévenu pour des sys-« tèmes matérialistes qui avaient séduit mon « imagination, j'écartais toutes les idées qui ne « tendaient pas à ce but, j'étais léger plutôt « que de mauvaise foi. Depuis que j'ai été con-« duit par mes propres idées loin de ces sys-« tèmes, je n'ai eu aucune prévention pour « quelque conséquence arrêtée à laquelle je « voulusse arriver, aucune prévention pour les « matières de foi ou d'incrédulité. Si je trouve « Dieu et les vraies lois de l'ordre moral, ce « sera pur bonheur, et je serai plus croyable « que ceux qui, partant de préjugés, ne ten-« dent qu'à les établir par leur théorie. »

Profond penseur et libre penseur, dans le bon sens du mot, M. de Biran se recommande à nous par une autre condition, qui était en lui exquise, c'est que, en même temps qu'il était l'observateur le plus pénétrant, il était le sujet d'observation le mieux conformé pour une telle expérience. Une organisation délicate, extrêmement impressionnable et mobile, en lui faisant sentir la dépendance du dehors, le portait incessamment à réagir contre cette dépendance et à chercher en lui-même un point d'appui pour s'en affranchir : un sentiment très-vif de la perfection morale joint à une rigide sincérité ne lui permettait pas, d'un autre côté, de se complaire en lui-même, et le tenait constamment en quête de ce bien, de ce centre, de cet idéal supérieur qui est comme l'axe de l'âme, hors duquel elle ne saurait trouver ni la régularité de ses opérations, ni son repos. De là cette noble inquiétude chez Maine de Biran qui émeut et qui intéresse extrêmement, parce qu'elle n'est pas vaine et romanesque, et ne se nourrit pas d'elle-même, comme tant d'autres; parce qu'elle est inquisitive et féconde, qu'elle provoque de généreux et constants efforts de guérison, et qu'on la voit céder enfin au vrai remède et servir admirablement à le constater.

Aussi le *Journal intime* n'est pas seulement le drame d'une âme, c'est en même temps toute une philosophie des plus savantes et des plus fortement construites : drame et philosophie qui s'entre-croisent et qui se contrôlent dans la plus vivante unité, sous la loi de cette admirable méthode qui consiste à puiser dans les expériences de sa propre nature les éléments de sa théorie, et à faire servir sa théorie à analyser et à démêler ces éléments · comme un médecin qui serait à la fois le malade, et qui ferait de la science en se guérissant. Maine de Biran a fait tourner ainsi toute sa vie à l'expérience de sa pensée, et toute sa pensée au traitement de sa vie. Il a posé chaque solution de sa philosophie sur un état de son âme, et chaque nouvel état de son âme sur une solution de sa philosophie ; et c'est ainsi que de degré en degré, d'assise en assise, il s'est élevé jusqu'au Christianisme. Quelle incomparable garantie de sagesse, de science et de vérité! Maine de Biran s'affligeait de ne pas avoir le temps de formuler sa philosophie, de *fermer son cercle,* comme il le disait, cercle qu'il tenait toujours ouvert et qu'il agrandissait de plus en plus à mesure qu'il découvrait la vérité et qu'il en recueillait les fruits : mais quelle formule, quel exposé de philosophie eût valu cette vivante et émouvante formation de sa philosophie, telle qu'elle nous apparaît dans son *Journal intime*, puisque c'est Maine de Biran lui-même, dans sa vie et jusque dans sa mort, qui en est le *Traité ?*

Ce qui doit surtout recommander ce grand témoignage aux esprits de ce temps, c'est qu'il nous offre en exemple et en action cet accord si souvent et si vainement discuté de la raison et de la foi. Cette forte personnalité de Maine de Biran, qui s'est dégagée de l'empire des sensations, qui s'est sondée elle-même et qui s'est reconnue leur maîtresse, mais qui, pour les dominer en s'élevant, a senti le besoin d'un secours supérieur et a tendu toutes ses puissances à sa recherche; quand elle a trouvé ce secours, quand elle l'a reçu, n'a pas abdiqué son propre empire : elle a fait tourner au contraire cette force supérieure à s'affermir et à s'agrandir : elle est entrée avec toute sa philosophie dans sa foi, et elle a fait entrer sa foi dans sa philosophie; la grâce céleste, aussitôt expérimentée que reçue, a été pour elle *un véritable fait psychologique et non pas de foi seulement*[1]. Que si pour la recevoir elle a dû se donner, elle s'est ressaisie

[1] *Journal intime.*

plus riche dans l'acte même de son renoncement, puisqu'elle y a acquis, outre la vie des sens, outre la vie de la raison, une *troisième vie*, la vie de l'esprit et de la grâce qu'elle n'avait pas, laquelle est à la vie de la raison ce que celle-ci est à la vie des sens, et termine ainsi la parfaite constitution de l'homme.

Chose admirable et qui fait du *Journal intime* un ensemble puissant et croissant de vérité ! « Nul homme peut-être, dans les recherches de l'intelligence, comme l'observe son honorable biographe, n'aboutit à un terme aussi éloigné de son point de départ : il commence avec Condillac et la morale de l'intérêt, il finit avec Fénelon et la morale du renoncement absolu. » Mais, entre ce terme et ce point de départ, tout le trajet qu'il a fait a été en accroissement de sa philosophie de plus en plus compréhensive. Il n'a, à proprement parler, rien quitté, rien abandonné : il n'a fait que compléter, que dérouler la science. Sa marche a été si sûre, si droite, si fidèle aux données de l'expérience et aux suggestions de la vérité, qu'il n'a pas eu à revenir sur ses pas, et que toute sa méprise a été de s'arrêter un instant à des systèmes dont le seul défaut était d'être incomplets et exclusifs; d'en avoir fait le terme alors qu'ils n'étaient que le chemin. Le grand caractère de la philosophie de Maine de Biran, c'est d'avoir retenu ce qu'en avançant il était tenté de rejeter, d'avoir apporté par là au Christianisme le tribut de l'homme complet, d'avoir montré que le Christianisme embrasse et complète lui-même tout l'homme, qu'il suffit d'aller jusqu'au bout de soi-même et de la science pour le trouver, et pour éprouver la vérité de cette grande parole de Tertullien : ANIMA NATURALITER CHRISTIANA.

Telle est la portée du *Journal intime* de M. de Biran. Mais ce serait laisser une idée bien imparfaite de sa valeur que de nous en tenir à ces indications générales. Elles suffiraient si Maine de Biran était arrivé au Christianisme par pure théorie. Mais, nous l'avons déjà dit, il y est arrivé par l'expérience philosophique des instincts, des besoins, des souffrances et des aspirations de son âme. Ce n'est pas de plein vol ; mais pied à pied, à la sueur de son front, au prix des angoisses de toute une vie qu'il a gagné la vérité. On conçoit dès lors combien il doit avoir laissé de traces précieuses de cette expérience, et tout l'intérêt qu'il doit y avoir à recueillir dans son *Journal intime* cette multitude de vérités partielles qui marquent chacun de ses pas, qui sortent de chacune de ses douleurs, qui saignent, si j'ose ainsi dire, de son âme, et que sa forte et lumineuse pensée élève et fixe aussitôt à la hauteur d'une philosophie croissante jusqu'à la foi. Comme les anciens lisaient la volonté des dieux dans les entrailles des victimes, ainsi nous lisons la vérité dans l'âme de Maine de Biran. Par une légitime et providentielle indiscrétion, il nous est donné de fouiller dans cette âme : elle nous est ouverte, elle nous est livrée toute palpitante de vérité. Portons-y donc une religieuse observation. Mais à cet effet, pour mieux comprendre ce sujet d'étude dans ce qu'il a de personnel, pour en saisir les rapports philosophiques, et pour apprécier aussi la valeur posthume de sa révélation, arrivons-y par un rapide historique de l'homme, du penseur, et de l'écrit.

## CHAPITRE DEUXIÈME

### HISTORIQUE

Maine de Biran naquit le 29 novembre 1766, à Bergerac, entre deux berceaux illustres : celui de Montaigne et celui de Fénelon ; de Fénelon, dont le génie métaphysique et onctueux devait être comme l'étoile qui marquerait le port à son inquisition philosophique, et de Montaigne dont la disposition d'esprit éminemment subjective, devait, comme par une sorte d'émulation de voisinage, accroître, ce semble, dans M. de Biran cette propension naturelle qu'il avait à se regarder vivre et à se faire lui-même la matière de ses *Essais* [1].

Cette curiosité psychologique s'éveilla en lui

---

[1] « Montaigne était moins vieux que moi quand il se mit en dehors des affaires et se retira dans la solitude pour y méditer sur lui-même et s'y regarder vivre. J'ai aussi mes *Essais* à faire » (*Journal intime*, p. 205).

presque au début de sa vie : « Dès l'enfance,
« dit-il, je me souviens que je m'étonnais de
« me sentir exister; j'étais déjà porté comme
« par instinct à me regarder au dedans (à *me*
« *regarder passer*, dit-il ailleurs) pour savoir
« comment je pouvais vivre et être moi. »
Cette question renfermait tout l'avenir scientifique du jeune philosophe. Il y était d'ailleurs sans cesse ramené, nous l'avons dit, par une organisation extrêmement délicate et mobile, qui faisait de lui comme un thermomètre d'observation.

Après d'heureuses études faites au collége des *Doctrinaires* de Périgueux, il entra, suivant des précédents de sa famille, dans les gardes du corps du roi, en 1785, et se laissa bientôt aller à toute la dissipation où ce service, les agréments de sa personne, et l'esprit du temps conspiraient à l'entraîner. Il ne paraît pas que, de sa première éducation, il eût retenu aucune conviction religieuse assez arrêtée pour lui faire même un scrupule de cette vie, contre les excès de laquelle il ne fut préservé que par un goût très-vif d'honnêteté, et par ce sentiment délicat des convenances, dont il resta plus tard, dans la rudesse des mœurs sorties de la révolution, un des types les plus exquis.

Quatre-vingt-neuf éclata. Aux journées des 5 et 6 octobre, il eut le bras effleuré par une balle. Sa fidélité à la monarchie n'était pas seulement de circonstance : elle était dans son cœur, dans ses mœurs, et ne faiblit jamais dans les épreuves politiques qu'il eut à traverser sous divers régimes. Demeuré sans état par suite du licenciement de son corps, il forma le projet d'entrer dans le génie militaire. Comme Vauvenargues, il eût allié les austères méditations de la pensée à la vie des camps ; mais sa qualité d'ancien garde du corps devant mettre obstacle à son avancement, lui fit abandonner son projet.

Il se retira sur sa terre de Grateloup, que lui avait laissée la mort de ses parents, et qui était située à une lieue et demie de Bergerac. Cette habitation, posée sur une colline, parmi des bouquets d'arbres et des prairies, domine un vallon dont la riche culture, arrosée par les gracieux méandres d'un ruisseau, n'envoie de toutes parts aux sens et à l'âme que la douce impression d'une belle nature champêtre animée par les travaux de ses humbles habitants. Cette retraite est une des situations du *Journal intime*. Par son opposition avec le théâtre tourmenté et factice de la vie mondaine et politique de Paris, elle forme, dans la recherche philosophique de M. de Biran, comme un des plateaux de ses expériences. On le voit aller et venir de l'un à l'autre, expérimenter l'agitation et le repos, le monde et la solitude, en éprouver les diverses illusions, et en dégager la vérité de leur impuissance à tromper la soif de l'âme.

Retiré dans cet asile, Maine de Biran y vit passer les jours sanglants de la Terreur. Ne pouvant que leur dérober sa tête, il utilisa son inaction publique à satisfaire le penchant philosophique de son esprit. Ce ne fut ni la connaissance des secrets de l'univers, ni la science de l'homme en général qui captiva sa pensée; par instinct autant que par réflexion, il la concentra dans le programme de la sagesse antique, le *Connais-toi toi-même*, la découverte et l'étude de son propre *moi*. Ce champ paraît étroit; mais il est si profond, et surtout si central, que qui le posséderait bien, posséderait la science universelle : l'humanité tout entière étant dans chaque homme, et l'univers visible et invisible venant se réfléchir dans l'humanité.

Cette connaissance si importante avait alors son dernier mot dans la philosophie de Condillac, dans l'homme-statue, recevant du dehors, par le canal des sens physiques, tous les éléments de sa vie tant intellectuelle que morale, et ne jouant dans son intelligence et sa volonté qu'un rôle mécanique de répercussion. Cette philosophie, dont la meilleure critique se trouve dans cette remarque, qu'il n'y aurait presque rien à y changer pour en faire l'application à la bête, ou même à l'automate de Vaucanson, fut le premier cercle dans lequel se trouva renfermé notre philosophe. Il essaya de s'y mouvoir, non sans y faire quelque rupture, dans un *Mémoire sur l'habitude*, en réponse à une question posée par l'Institut, et qui fut couronné par ce corps savant en 1802.

Ce succès sembla le classer dans l'école sensualiste, dont le sceptre était tenu alors par Cabanis et de Tracy : sa déférence pour ces idéologues, qu'il appelait ses maîtres, le fit considérer comme un membre de la célèbre société d'Auteuil.

Dans ce *Mémoire* se trouvait cependant le germe d'une philosophie plus profonde. Ce germe apparut de plus en plus dans un nouveau *Mémoire sur la décomposition de la pensée*, qui remporta le prix de l'Institut en 1805 ; dans un troisième *Mémoire sur l'aperception immédiate*, qui obtint, en 1807, un accessit, accompagné de la mention la plus honorable à l'Académie de Berlin ; et dans un quatrième *Mémoire sur les rapports du physique et du moral de l'homme*, qui remporta, en 1811, un prix proposé par l'Académie de Copenhague.

Dans ces divers *Mémoires*, dont les deux derniers ne sont qu'un remaniement ou qu'un développement du second, Maine de Biran s'affranchit de la philosophie sensualiste. L'homme moral s'est sondé : il s'est découvert dans son vrai être : il s'est reconnu *cause* de ses actes ; et, se sentant animé par la *volonté*, comme la statue de Pygmalion par l'amour, il s'est dit aussi comme elle : **Moi**.

C'est là le premier mot de la philosophie spiritualiste de notre âge, dont Maine de Biran est ainsi le créateur : création qui fait moins d'honneur, ce semble, à Maine de Biran que de honte à son époque, tellement déchue de la notion morale que ce fut une gloire pour ce philosophe de rendre l'homme à lui-même, et de le replacer sur le trône de sa personnalité.

Cette gloire toutefois a quelque chose de plus propre à Maine de Biran, non-seulement par rapport à la philosophie sensualiste qui l'a précédé, mais par rapport à la philosophie spiritualiste qui l'a suivi.

On pouvait sortir de la philosophie sensualiste par deux portes ; la spontanéité de l'âme humaine pouvait s'attester et se poser de deux façons : par l'entendement ou par la volonté. Descartes l'avait définie par l'entendement : *Je pense, donc je suis*. Maine de Biran, lui, la définit par la volonté : *Je veux, donc je suis*.

C'était toute une autre philosophie. Ces deux philosophies sont spiritualistes : mais la philosophie de Descartes met l'esprit sur le chemin du rationalisme, et celle de Maine de Biran sur le chemin du Christianisme.

Cet aperçu est capital : les suites s'en font sentir dans tout le *Journal intime*, et nous aurons lieu bientôt d'en maintenir la valeur contre un illustre critique. Disons seulement ici, que ce qui constitue la valeur propre et originale de la théorie de Maine de Biran, c'est le rôle central qu'il donne à la volonté, dont il fait le fond même de l'existence de l'homme, et le ressort de toute son activité.

Quoi qu'il en soit, Maine de Biran ne fit pas école. La priorité, si je peux ainsi dire, de son spiritualisme, et son originalité; la force de pensée qui lui en avait fait découvrir le principe, et qui lui en faisait poursuivre le développement; surtout le consciencieux désintéressement qu'il apportait dans ses recherches, lui valurent la déférence et le respect des esprits les plus distingués de ce temps : ils l'appelèrent à l'envi leur maître, avec d'autant plus d'empressement qu'il n'y prétendait pas. Mais ils ne se firent jamais, à proprement parler, ses disciples. Maine de Biran ne professa pas. Faut-il le regretter? Oui, ce semble, parce qu'il aurait été suivi : non, en réalité, parce qu'il n'aurait pas marché. Par le caractère éminemment personnel et privé de sa philosophie, il échappa à ce fatal engagement de système et d'école qui rend le maître esclave de l'autorité même qu'il exerce sur ses disciples, au lieu de rester lui-même le disciple fidèle de la vérité.

Loin de se contenter des titres qu'il avait déjà à l'estime du monde savant, il refusa à la publicité ses *Mémoires* couronnés par diverses Académies, sauf le premier dont l'impression lui avait été surprise; et, sous l'action croissante de sa pensée, il médita de les compléter et de les refondre dans un grand ouvrage, sous le titre de : *Essai sur les fondements de la Psychologie, et sur ses rapports avec l'étude de la nature.*

Au sensualisme qui fait de l'homme une simple capacité de sentir, Maine de Biran avait opposé le fait psychologique de l'activité de l'âme humaine, activité qu'on ne peut contester, puisque pour cela même il faut en faire exercice, il faut penser; c'est-à-dire *agir* intellectuellement. Il ne niait pas, du reste, l'empire des sensations : il le niait d'autant moins que l'activité de l'âme s'exerce principalement à les contenir, et qu'agir, pour elle, n'est le plus souvent que *réagir*. Réagir par la volonté contre les impulsions de la vie animale, subordonner cette vie à la vie de l'âme, *faire son métier d'homme* : tel est le mot d'ordre de Maine de Biran.

Mais pour réagir il faut un point d'appui : point d'appui qu'on ne peut trouver que dans soi-même ou dans un secours supérieur, dans le stoïcisme ou dans le christianisme.

Telle est la route que prend Maine de Biran : on conçoit où elle devait le conduire. Quand on prend ainsi la question philosophique au sérieux, la solution ne saurait être douteuse. Parti de l'homme vivant, Maine de Biran devait arriver au Dieu vivant.

Il resta cependant trente années à faire ce trajet, oscillant dans sa marche, s'arrêtant, revenant sur ses pas, mais, en somme, avançant toujours vers un but dont il n'avait ni l'expérience, ni même l'idée, mais dont il avait au plus haut degré l'instinct et le besoin, et dont il gravit la route avec une douloureuse énergie. « La sagesse, écrivait-il en 1794, est sur un « mont escarpé ; si on prend un élan trop fort, « si on veut le monter trop vite, on risque de « rouler en bas avant d'être arrivé à la cime. « Remontons donc à pas lents. » Telle est la parfaite image de la marche de Maine de Biran ; et, pour achever de nous la retracer, disons qu'au fur et à mesure qu'il tendait, sous l'impulsion du besoin de son âme, à cette ascension vers l'objet de sa vie et de son repos, il découvrait de plus en plus l'horizon de la philosophie, en voyait toutes les parties se rejoindre et se compléter, et conquérait la science du même pas que la sagesse et que la foi.

C'est là le drame philosophique de toute l'existence de Maine de Biran, venant se refléter, jour par jour, dans son *Journal,* avec toute la richesse, toute la finesse et toute la profondeur d'observation auxquelles devait donner lieu une telle recherche, par un tel esprit.

Ce travail fut intérieur et solitaire. Il absorba toute l'activité de Maine de Biran, et ne laissa de lui, au dehors, que son fantôme. C'est pourquoi nous nous bornerons à mentionner, qu'après avoir administré l'arrondissement de Bergerac pendant quelque temps, il siégea au Corps législatif, puis à la Chambre des députés, de 1812 à 1824, époque de sa mort ; qu'il fit partie de la fameuse commission qui fit entendre à Bonaparte le vœu du pays, et dont son intime ami, M. Laîné, fut l'âme et l'organe ; qu'à la restauration, il fut questeur et conseiller d'État ; et que dans ces rôles divers, à travers tous les grands événements qui ébranlèrent le théâtre de la politique, portant toujours attaché à son âme le trait fatal de l'inquiétude de la vérité, il ne fut jamais à proprement parler, sauf les exigences du devoir auxquelles il se montra toujours scrupuleusement fidèle, que l'homme de son *Journal*.

Sa supériorité se retrouvait dans le milieu philosophique, et là elle primait, même parmi les maîtres, surtout dans les derniers temps de sa vie, où une religieuse expérience de la vérité lui en donnait l'ascendant sur ceux qui ne la connaissaient que par les spéculations de leur esprit. « Au printemps de 1824, dit un respec-

« table témoin, j'eus l'honneur d'être admis
« dans la réunion qui s'assemblait chez lui tous
« les vendredis. Là se trouvaient, entre autres,
« M. Laîné, pair de France, son plus intime
« ami, MM. Ampère, Stapfer, de Gérando, Droz,
« Frédéric Cuvier (auxquels il faut joindre,
« d'après le *Journal intime*, Royer-Collard,
« Guizot et le jeune docteur Cousin). La con-
« versation tombait-elle sur la politique ou sur
« les grands intérêts moraux du pays et de l'hu-
« manité, M. Laîné, muet d'ailleurs toutes les
« fois qu'il s'agissait de métaphysique, s'animait
« alors, et dans ses paroles il y avait une si
« grande élévation d'idées, tant de chaleur de
« sentiment, une éloquence si entraînante qu'il
« ravissait tous les esprits, et que sa supério-
« rité ne pouvait être méconnue. Mais, lorsque
« la conversation roulait sur la philosophie, ce
« qui était l'ordinaire, Maine de Biran avait
« incontestablement l'avantage. Quand tous les
« savants qui composaient cette réunion se-
« raient encore vivants, je n'en affirmerais pas
« moins, sans crainte d'être démenti, que cha-
« cun d'eux avait alors la conscience de son in-

« fériorité, et écoutait le grand philosophe avec
« une attention respectueuse, qui semblait re-
« nouveler l'aveu de Royer-Collard : *Il est notre*
« *Maître à tous* [1]. »

Toutefois, même dans ce milieu philosophique, Maine de Biran ne laissa paraître que les tendances de sa philosophie, non ses derniers résultats. Par une sorte de pudeur religieuse, il ne voulait pas les livrer à la discussion avant de les avoir coordonnés et enchaînés dans un ouvrage auquel on savait qu'il travaillait, et dont l'achèvement était suspendu par le soin extrême qu'il y apportait. Cet ouvrage, transformation de ses *Mémoires* académiques, et que nous avons déjà nommé sous le titre d'*Essai sur les fondements de la psychologie*, dut se transformer lui-même et s'élargir avec les méditations et les vues de l'auteur. Il fit place aux *Nouveaux Essais d'anthrophologie ou de la science de l'homme intérieur*, ouvrage encore inédit et même inachevé, mais dont le *Journal intime* nous fait parfaitement connaître le plan et nous offre les éléments. Tous les faits que la nature humaine présente à

---

[1] M. François-Marie-Louis Naville.

l'observation devaient y être ramenés à trois vies : la *vie animale* comprenant l'affectibilité et la mobilité ; — la *vie de l'homme* commençant au mouvement volontaire et à la personnalité ; — la *vie de l'esprit*, ayant pour but et pour résultat l'union de l'âme avec l'esprit de Dieu. La vie de de l'esprit ou de la grâce est l'élément nouveau, résultat des dernières méditations de l'auteur, dont sa mort chrétienne l'a mis définitivement en possession, mais dont elle nous aurait ravi la connaissance sans les pages de son *Journal*.

Aussi cette mort qui fut un deuil public pour la science, en fut un plus profond et plus intime pour la religion. Un des amis de Maine de Biran, qui, sous ce rapport, avait pénétré le plus avant dans son âme, et qui savait le trésor de lumières qu'elle renfermait et que le temps ne lui avait pas permis de répandre, s'était écrié que la mort de Maine de Biran était une calamité ; et il résumait ce qu'il y avait de plus profond dans ses regrets par ces paroles : « Je m'imagi-
« nais que la philosophie religieuse avait besoin
« de lui. — « Hélas ! écrivait-il quelques jours
« après, sa mort si prématurée, si douloureuse

« pour sa famille et pour ses amis, est encore un
« deuil pour la religion et pour la morale,
« sciences auxquelles l'ouvrage qui l'occupait
« aurait donné de nouveaux appuis. La partie
« que sa santé et ses nombreuses occupations de
« devoir et de bienfaisance lui ont permis d'a-
« chever appartient à la saine philosophie, non
« moins qu'à sa gloire personnelle qui, au
« reste, n'est jamais entrée pour la plus petite
« part dans les motifs nobles et désintéressés qui
« lui ont mis la plume à la main. Dans l'intérêt
« des sciences qu'il cultivait avec tant de succès,
« et qu'il a enrichies de plus d'un écrit remar-
« quable, il est vivement à souhaiter qu'aucun
« de ses travaux, même simplement ébauchés,
« ne soit perdu pour les doctrines sur lesquelles
« reposent les plus chères espérances de
« l'homme, sa dignité morale, et sa foi en une
« meilleure existence [1]. »

Quelques années après, Stapfer ne pouvant se consoler de cette perte, et revenant sur le même sujet : « Les manuscrits qu'il a laissés, disait-il, « contiennent un trésor de pensées aussi origi-

---

[1] Lettre inédite de Stapfer du 8 août 1824.

« nales et neuves que solides et dignes de
« l'attention des hommes religieux. Leur pu-
« blication fournirait aux défenseurs de la spi-
« ritualité et de l'immortalité de l'âme des
« armes précieuses pour la défense des plus
« grands intérêts de l'humanité [1]. »

Que s'était-il passé cependant à l'égard de
ces manuscrits dont cet homme de bien dénon-
çait si éloquemment la valeur? Une notice his-
rorique et bibliographique sur les travaux de
Maine de Biran, que nous devons à l'obligeance
de M. Ernest Naville, et la préface dont M. Cousin
a fait précéder son édition des *Œuvres philosophiques de Maine de Biran* vont nous l'apprendre.

Maine de Biran avait désigné pour son exé-
cuteur testamentaire son intime ami, M. Laîné.
Celui-ci jugea ne pouvoir mieux remplir la partie de sa mission qui concernait les papiers du
défunt qu'en priant M. Cousin d'en prendre
connaissance, et d'indiquer le parti qui pouvait
en être tiré. M. Cousin, ayant procédé à l'examen des manuscrits, les classa en trois catégo-
ries : 1° écrits relatifs à la vie politique et ad-

[1] Lettre de Stapfer du 19 mai 1831.

ministrative de l'auteur ; 2° cahiers de souvenirs (*Journal intime*) ; 3° écrits philosophiques.

Sur les indications de M. Cousin, les écrits philosophiques furent réservés, — le *Journal intime* fut renvoyé à la famille.

M. Laîné ne fit pas cependant ce renvoi sans jeter lui-même les yeux sur ce *Journal* et sans en pressentir la valeur. « J'ai parcouru ces « cahiers de temps à autre, écrivait-il au fils « aîné de M. de Biran, autant que me l'ont per- « mis la difficulté de l'écriture et mes occupa- « tions. J'ai démêlé que, dans ce persévérant « ouvrage de tous les jours, on trouverait beau- « coup de pensées capables de faire honneur à « la mémoire de M. votre père. »

Il est à croire, bien que ce fût de sa compétence et de sa mission spéciale, que M. Cousin n'avait pas pénétré aussi avant dans la connaissance de ces cahiers, sans quoi sa sagace critique lui aurait fait comprendre, bien mieux encore qu'à M. Laîné, toute la portée philosophique de ce document. Il n'aurait pas dit, au moins, parlant d'un autre écrit de Maine de Biran, d'une bien moindre importance, de ses *Consi-*

dérations *sur les rapports du physique et du moral de l'homme* : « Cet ouvrage est la *dernière* « expression de la pensée de l'auteur... c'est « son *dernier mot* sur le sujet constant des « méditations de *toute sa vie*[1]. » La lecture des *Cahiers* lui aurait révélé le plan et même les éléments d'un ouvrage bien autrement avancé dans la ligne philosophique de Maine de Biran, de ses *Nouveaux Essais d'Anthropologie ou de la science de l'homme intérieur,* ouvrage qui ne comprend pas seulement la théorie de la *vie animale* et de la *vie de l'homme*, mais qui les complète par la science de l'homme intérieur, de la *vie de l'esprit,* c'est-à-dire de la vie de relation de l'âme humaine avec l'Esprit de Dieu. Ç'a été là proprement *le dernier mot de Maine de Biran sur le sujet constant des méditations de toute sa vie*, dont le *Journal intime* contient les plus profondes intentions, et même les expressions les plus vivantes, dignes d'être rangées non loin des *Pensées* de Pascal, et nous offrant, comme celles-ci, de larges et puissants matériaux d'un grand édifice.

[1] Préface de la publication de cet ouvrage par M. Cousin, p. iii et v.

Sans vouloir articuler contre M. Cousin le facile reproche d'avoir voulu mettre cette belle lumière sous le boisseau, nous sera-t-il permis de dire que, dans la disposition d'esprit où il se trouvait, il a dû agir, dans le renvoi des *Cahiers*, sous l'empire d'une préoccupation : celle de ne pas apprécier à toute sa valeur la tendance religieuse de la philosophie de son illustre maître.

Nous avons la confirmation de cette conjecture dans la préface même de M. Cousin. En effet, à propos d'une *note* de Maine de Biran, faisant suite aux *Considérations sur les rapports du physique et du moral de l'homme*, note où il prélude à la partie religieuse de sa philosophie, et qu'il faut savoir gré à M. Cousin d'avoir publiée, celui-ci, sous des formes révérencieuses, critique profondément cette philosophie, en ce qu'elle ne faisait pas, dit-il, une place assez large à la raison, et se trouvait par là comme fatalement réduite à se réfugier dans une sorte de mysticisme « qu'on voit déjà poin-
« dre, dit-il, dans la longue et curieuse note
« jointe aux *Considérations sur le moral et sur*

« *le physique.* » — « Que serait-il arrivé à Maine
« de Biran, dit-il en terminant, si nous ne
« l'eussions pas perdu en 1824? Je l'ai assez
« connu [1], et, s'il m'est permis de le dire, je
« connais assez l'histoire de la philosophie et
« les pentes cachées, mais irrésistibles de tous
« ses principes, pour oser affirmer que l'auteur
« de la *note* en question aurait fini comme
« Fitche... c'est-à-dire par invoquer une inter-
« vention divine, une grâce mystérieuse qui
« descend d'en haut sur l'homme [2]. »

En souhaitant à M. Cousin, qui appréciera
sans doute aujourd'hui la valeur de ce vœu, de
finir comme ses maîtres, comme Maine de Biran
et Royer-Collard, comme ce qu'il y a eu de
plus grands et de plus nobles esprits dans le
monde, nous n'en regretterons pas moins que,
connaissant si à fond Maine de Biran, il n'ait pas
été assez bien inspiré pour nous le faire complétement connaître, par la publication de son

[1] En effet, le *Journal intime* nous fait connaître que cette *note* avait été communiquée par Maine de Biran à M. Cousin, lors de sa rédaction.

[2] Préface de M. Cousin, p. xxxviii et xli.

*Journal*, et pour nous révéler l'événement dont il faisait si aisément la prophétie.

Quoiqu'il en soit, par le renvoi du *Journal intime* à la famille de Maine de Biran, la pieuse mémoire de ce grand philosophe paraissait devoir être condamnée à un éternel oubli, et la philosophie privée de ce bel héritage. Mais la Providence veillait sur ce précieux dépôt, et nous le réservait. Elle suscita à sa recherche un juste : j'ose appeler de ce nom M. F. M. L. Naville de Genève, protestant, il est vrai, par sa naissance et par son ministère; mais catholique, par une sincérité qui lui aura été comptée, et dont il nous a laissé un rare monument dans son bel ouvrage sur la *Charité légale* où, passant en revue les expériences de ce système de charité dans tous les pays protestants de l'Europe, il ne craint pas d'en découvrir la plaie hideuse. Épris d'un véritable enthousiasme pour la mémoire de Maine de Biran et pour le fruit que la philosophie chrétienne pouvait retirer de ses derniers travaux, il voua sa vie à leur découverte. Témoin et confident des plus hautes pensées de ce philosophe qu'il venait de voir à Paris, selon ses propres expressions, « dans toute la séve et tout « le triomphe du génie, » il s'informa des destinées du grand ouvrage dont il lui avait entendu parler, et dont il était de notoriété qu'il s'occupait avec ardeur dans les derniers temps de sa vie. « Ce fruit de ses méditations serait-il « donc perdu pour la philosophie » écrivait-il à M. Stapfer ; « cet ouvrage de psychologie, auquel « il travaillait depuis si longtemps et qui parais- « sait être si avancé, ne serait-il pas en état de pa- « raître ? » Il adressa les mêmes questions à M. Laîné, et se constitua, comme il le dit quelque part, « en état permanent de réclamation » au sujet de la mise au jour des précieux manuscrits.

Dix ans s'écoulèrent ; M. Cousin fit alors paraître (en 1834) un volume des divers écrits philosophiques qui lui avaient été remis lors de l'inventaire, notamment les *Considérations sur les rapports du physique et du moral de l'homme ;* puis, sept ans plus tard, trois autres volumes contenant les divers *Mémoires*, par lesquels Maine de Biran avait préludé à sa philosophie, et qui en révélaient encore moins le terme.

Ces publications furent un mécompte pour les

amis de Maine de Biran et des études philosophiques. Non-seulement, en effet, le grand travail destiné à résumer toute la philosophie de Maine de Biran y faisait complétement défaut, mais des écrits qui en étaient encore bien loin étaient donnés comme le *dernier mot* de cette philosophie.

M. Naville ne se découragea pas. Il s'adressa à la famille de Maine de Biran, des démarches furent faites auprès des héritiers de M. Lainé, et enfin une caisse considérable de manuscrits lui fut envoyée. Il y trouva, notamment, l'*Essai sur les fondements de la psychologie et sur ses rapports avec l'étude de la nature,* première refonte des travaux de l'auteur, que M. Cousin, il faut le dire, n'avait pas directement connue, puis les *Cahiers* de souvenirs ou le *Journal intime* que M. Cousin avait eus dans les mains, et qui révélaient un travail plus avancé encore que l'*Essai*. Quelques fragments du *Journal* furent publiés dans la *Bibliothèque universelle de Genève*, de 1845 à 1846, et firent entrevoir pour la première fois le terme chrétien des méditations de Maine de Biran. M. Naville, voué à la recomposition du monument dont il avait découvert de si précieux matériaux, y consuma ses forces altérées par la maladie, et mourut à cette noble tâche. Mais il laissait pour la poursuivre un digne successeur de son nom et des généreuses inspirations de son âme, son fils, M. Ernest Naville.

M. Ernest Naville s'étant mis de nouveau en rapport avec la famille de Maine de Biran, en reçut de nouveaux manuscrits, parmi lesquels enfin se trouvait, bien qu'à l'état de fragments, la dernière transformation de tous les travaux de l'auteur que nous avons déjà indiquée sous le titre de *Nouveaux essais d'anthropologie* ou la science des trois vies qui constituent l'homme complet : cadre scientifique dans lequel l'auteur travaillait à coordonner et à exposer le fruit des méditations déposées dans son *Journal*, et qui devait fermer le cercle de sa philosophie.

Divers empêchements n'ayant pas permis d'éditer cette œuvre, M. Ernest Naville publia dans la *Revue des Deux-Mondes*, du 15 juillet 1854, un extrait de l'étude biographique qui devait la précéder ; et il initia par là le public français à la connaissance du caractère chrétien de la philosophie de Maine de Biran.

Ce travail, par la révélation qu'il contenait et par le mérite propre des appréciations qui la mettaient en lumière, fit une profonde impression dans les âmes qui ont le culte jaloux de la vérité, et qui suivent avec amour le mouvement de ses intérêts sacrés dans le monde.

L'attention philosophique et religieuse éveillée sur cet important sujet ne s'endormit plus : elle attendait une satisfaction plus complète. M. Ernest Naville dut en recevoir plus d'une fois les vœux ; et nous-mêmes nous lui écrivions au mois de février dernier pour lui demander des renseignements sur cette précieuse communication, lorsque son obligeante réponse nous annonça la publication du *Journal intime*, sous le titre de *Maine de Biran, sa vie et ses pensées publiées par Ernest Naville*.

Telle est l'histoire de cet écrit. Il nous a paru bon que le public sût à quel zèle généreux et soutenu, à quel concours providentiel de circonstances, il devait la connaissance de ces pages précieuses qui n'ont été, ce semble, menacées, pendant plus de trente ans, d'un éternel oubli, que pour être réservées à notre temps, et pour revêtir, dans cette vicissitude de leur destinée, le caractère des choses dont Dieu veut doubler le prix.

Il est temps maintenant que nous les parcourions.

## CHAPITRE TROISIÈME

**CITATIONS**

Notre intention n'est pas de dispenser ceux qui liront cette étude de la lecture du *Journal intime* de Maine de Biran. Les citations que nous allons en donner, quelque marquantes qu'elles soient, loin d'épuiser l'intérêt du livre, le laisseront encore avec toute sa saveur, qui consiste surtout dans la continuité du sentiment qui y règne, dans le développement des pensées mêmes dont nous donnerons des extraits, dans le mouvement qui les amène et dans celui qui les suit, dans cette unité progressive d'une question qui ondule à sa solution, et surtout d'une âme qui se produit dans ses modifications les plus intimes.

Les Pensées de Maine de Biran sont d'ailleurs précédées d'un travail biographique de M. Ernest Naville d'une rare intégrité, et que notre étude réserve complétement à la satisfaction du lecteur. C'est un morceau qui mérite d'être recherché et apprécié pour lui-même, outre la valeur qu'il reçoit de son objet et qu'il lui rend, en l'expliquant et le jugeant avec la supériorité du sens chrétien allié au sens philosophique, sous les formes d'un style qui n'a d'autre défaut que l'uniformité de la perfection.

C'est donc sous l'entière réserve du livre lui-même que nous allons en dessiner le mouvement et en détacher quelques passages.

Le *Journal intime* de Maine de Biran n'a le caractère de continuité que lui vaut ce titre que de 1814 à 1824. Cependant deux autres fragments, l'un se rapportant aux années 1794 et 1795, l'autre à l'année 1811, marquent le point de départ et l'état intermédiaire d'une vie intellectuelle et morale tellement fidèle à son unique recherche, que ces solutions de continuité de quinze et vingt années se renouent aisément dans cette persistante fidélité; de telle sorte que, dans ce petit nombre de pages, on tient sous ses yeux toute une vie d'âme, dans la plus prodigieuse unité de préoccupation et d'étude d'elle-même qui se puisse concevoir.

Cette vie se résume tout entière dans cette belle épigraphe, heureusement tirée, par M. Ernest Naville, des *Confessions* de saint Augustin : *Domine fecisti nos ad te, et inquietum est cor nostrum donec requiescat in te.*

Ainsi, les premiers accents de cette âme, à la date du 27 mai 1794, sont des gémissements, au sein d'une promenade solitaire, sous l'impression de la nature dans toute la fraîcheur et la suavité du printemps; impression douce par elle-même; mais triste jusqu'aux larmes par sa fugitivité :

« Si je pouvais rendre cet état perma-
« nent, que manquerait-il à mon bonheur? se
« dit-elle; j'aurais trouvé sur cette terre les
« joies du ciel! Mais une heure de ce doux
« calme va être suivie de l'agitation ordinaire
« de ma vie; je sens déjà que cet état de ravis-
« sement est loin de moi... Ainsi cette malheu-
« reuse existence n'est qu'une suite de moments
« hétérogènes, qui n'ont aucune *stabilité*. Ils
« vont flottant, fuyant, sans qu'il soit jamais en
« notre pouvoir de les *fixer*... »

On a déjà la *note* du *Journal intime* : l'INSTA-
BILITÉ des impressions terrestres, la souffrance
qu'elle fait éprouver à l'âme essentiellement
faite pour un bien permanent.

Ce bien n'est pas dans les passions, poursuit
Maine de Biran : le plaisir n'est pas le bonheur ;
il ne saurait être non plus dans l'inutilité de la
vie, incompatible avec sa dignité. Que faire donc,
et comment se gouverner? Attendre de la nature
quelques-unes de ces impressions de ravisse-
ment qu'elle fait éprouver par accès instantané,
puis ne pas se rendre malheureux par l'inutile
poursuite d'un bonheur qui ne dépend pas de
nous, êtres essentiellement passifs dans nos sentiments.

Mais est-il bien vrai que l'âme ne soit nullement active? Jusqu'à quel point l'est-elle et
peut-elle modifier les impressions extérieures?
Les moralistes supposent que l'homme peut toujours se donner des affections, changer ses penchants ; à les entendre, l'âme est souveraine. Cela
est-il bien vrai, et jusqu'à quel point cela
l'est-il?

Pour moi, je passe successivement par mille

états divers sans que ma raison, qui en gémit, ait d'autres fonctions que de blâmer ou approuver, sans jamais déterminer ou retenir ces sentiments, bons ou mauvais, que cette roue toujours mobile de l'existence amène tour à tour.

« Ainsi se passe la vie. Quelle misérable con-
« dition ! Cependant j'ai l'idée d'un état supé-
« rieur à celui dont je jouis maintenant, la con-
« science de ma misère m'est plus sensible par
« la conscience d'une dignité dont j'ai le mo-
« dèle. L'homme ne serait-il qu'un être dégé-
« néré ? ou bien est-il destiné à une plus grande
« perfection ? Quoi qu'il en soit, puisque le désir
« de notre bonheur est toujours permanent, si
« la raison nous le montre, quoiqu'elle ne puisse
« presque rien pour nous le donner, faisons du
« moins nos efforts pour nous rapprocher le
« plus qu'il sera possible, par la *volonté*, de ce
« but de ma destinée. »

Nous avons là, dès les premières pages de ce monologue de trente années, l'exposition du drame philosophique qui en constitue le haut intérêt. Toute cette première année de 1794 se passe en de vaines et vagues aspirations à la

sagesse et aux sages, en des gémissements sur l'impuissance de réaliser le bien qu'on entrevoit, et de fixer sa destinée. « L'homme en-
« traîné par un courant rapide, depuis sa nais-
« sance jusqu'à sa mort, *ne trouve nulle part*
« *où jeter l'ancre.* »

Maine de Biran cherche à se prendre à cette conclusion du matérialisme, qu'il abandonne aussitôt, que « l'état de nos organes, un certain
« mécanisme de notre être que nous ne dirigeons
« pas, détermine la somme des moments heu-
« reux ou malheureux de notre existence. »

L'année 1795 n'amène aucun changement. La souffrance de l'instabilité est telle, qu'elle fait redouter la joie presque autant que la douleur, et que la grande ambition de cette âme, altérée de repos, serait de se maintenir dans une situation moyenne, exempte de mouvement et en quelque sorte de vie.

Rien du reste de préconçu, rien qui ressemble au système ou à la dissertation dans le compte rendu de ces états. C'est tout ce qu'il y a de plus improvisé et de plus prime-sautier, et cependant de plus suivi par l'unité de la question engagée, la persistance de la pensée qui s'y attache, et l'intérêt du sentiment qui s'en émeut.

De 1795 nous passons à 1811 ; seize ans se sont écoulés : ils n'ont pas emporté le problème ; ils ont, au contraire, éprouvé sa rigueur inexorable, par l'impuissance de toute vaine solution, sans avoir produit autre chose que le soupçon d'une solution supérieure et seule véritable :

« *14 mars*. Le temps emporte toutes mes
« opinions et les entraîne dans un flux per-
« pétuel. Je me suis rendu compte de ces va-
« riations de point de vue depuis ma première
« jeunesse. Je pensais trouver, en avançant,
« quelque chose de *fixe*, ou quelque point de
« vue plus élevé d'où je pusse embrasser la
« chaîne entière, redresser les erreurs, concilier
« les oppositions. Me voilà déjà avancé en âge,
« et je suis toujours *incertain* et *mobile* dans le
« chemin de la vérité. Y A-T-IL UN POINT D'AP-
« PUI, ET OU EST-IL ?

« De même qu'en musique le sentiment do-
« minant du musicien choisit dans la variété
« des sons ceux qui lui conviennent et donnent
« à tout l'ensemble un motif unique, de même

« *il doit y avoir* dans l'être intelligent et moral
« un sentiment ou une idée dominante qui soit
« le centre ou le motif principal ou unique de
« tous les sentiments ou actes de la vie. »

Quel admirable besoin, quel étonnant soupçon de l'immuable et souverain bien dans cette âme !

L'année 1814 nous la montre errante à travers les plus grands spectacles des révolutions humaines sans pouvoir y être intéressée, tant l'ennui du vide et de l'instabilité des choses qui passent est devenu profond, en elle, par ce sentiment et ce besoin du seul bien qui ne passe pas :

« *Paris*, 29 *août* (*jour de la fête donnée au Roi*
« *par la ville de Paris*).... Repoussé de toutes
« parts, j'errais dans une foule immense, et le
« trouble, l'ennui se sont tout de suite emparés de
« moi ; j'étais dans cette fête comme un galérien
« du bagne, souffrant sans pouvoir m'en aller.
« L'éclat qui frappait mes yeux de toutes parts,
« ni la beauté des femmes, ni même la présence de la famille royale n'ont pu changer
« mes dispositions. J'ai cherché une issue après
« le dîner, et je suis sorti à pied, pêle-mêle

« avec les soldats, qui me poussaient. Je suis
« venu, à pied, de l'Hôtel de Ville au palais
« Bourbon, au milieu de l'illumination, dans
« un accès d'humeur et d'impatience qui ne
« peut se décrire. Après voir changé d'habits,
« j'ai eu encore la curiosité d'aller voir, seul,
« l'illumination du jardin du palais Bourbon ;
« c'était un mouvement nerveux qui m'entraî-
« nait. Enfin, j'ai joui, de ma fenêtre, du spec-
« tacle des fusées et du bouquet du feu d'arti-
« fice, qui tombait en pluie d'or dans la cour
« du palais. J'ai dit en fermant ma fenêtre :
« C'est une belle chose qu'une fête... quand on
« en est revenu; et j'ai lu, pour me remettre,
« un fragment de Bergasse sur Dieu, sur la
« parole et les athées. »

Cette boutade, dont la conclusion trahit le mobile, trouve d'ailleurs son explication dans ce que M. de Biran dit bientôt après de son inaptitude aux choses du dehors, par son absorption dans la grande chose du dedans, dans la souffrance de sa privation et le travail de sa recherche, recherche dans laquelle il n'avance pas :

« Je reste stationnaire et comme *en panne*,

« dans cette vie qui est toute désintéressée et
« pleine de petites choses, d'une foule de pe-
« tits sentiments, de petites idées, entre les-
« quelles le temps s'éparpille sans résultat, sans
« progrès, sans fruit d'aucune espèce. »

Enfin, rejeté par les grands événements de 1815 dans la solitude, d'où les indignations et les tristesses de son âme ne trouvent d'écho que dans les invectives et les lamentations prophétiques des livres saints, dépouillé de ses honneurs et de ses fonctions, en proie au paroxysme du sentiment de la fragilité des choses humaines, à la vue de ces revers et de ces retours de la fortune politique : « 16 *avril*. C'est
« assez longtemps, écrit-il, se laisser aller au
« torrent des événements, des opinions, du
« flux continuel des modifications externes ou
« internes, à tout ce qui passe comme l'ombre.
« Il faut s'attacher aujourd'hui au seul Être
« qui reste immuable, qui est la source vraie
« de mes consolations dans le présent et de
« mes espérances dans l'avenir... Pour me ga-
« rantir du désespoir, je penserai à Dieu, je
« me réfugierai dans son sein. »

C'est là le premier mouvement direct et prononcé vers Dieu qui apparaisse dans le *Journal intime*. Il n'y est pas soutenu, parce qu'il est anticipé, sous l'impression d'une situation violente. Mais il laisse entrevoir le fruit qui se forme et qui sortira plus tard. Comme un naufragé, aussitôt remporté dans l'abîme que lancé au port par la tempête, Maine de Biran retombe bientôt dans ses fluctuations ordinaires. Cependant il a acquis, dans l'expérience de ce mouvement, la conscience de l'issue de ses recherches et de l'indépendance philosophique qui l'y conduira ; car c'est tout aussitôt qu'il ajoute :

« *Si je trouve Dieu* et les vraies lois de l'ordre
« moral, ce sera pur bonheur, et je serai plus
« croyable que ceux qui, partant de préjugés,
« ne tendent qu'à les établir par leur théorie. »

Pour le moment, il se flatte de trouver un dédommagement à la ruine du dehors dans la possession et la jouissance de lui-même, au sein d'une studieuse solitude :

« Pourvu que je sois bien portant, que j'aie la
« faculté d'exercer ma pensée avec le sentiment
« de mes forces intellectuelles, je ne regrette

« rien, je suis même plus heureux qu'aupara-
« vant. Comme je ne puis plus, ainsi que dit
« Montaigne, *me jeter aux appuis étrangers, je*
« *recours aux propres, seuls certains, seuls puis-*
« *sants à qui sait s'en armer.* »

Vaine illusion ! Ces appuis propres, *seuls certains, seuls puissants,* lui *échappent* aussitôt ; car, outre que son estomac se prend, et que son esprit s'alanguit avec ses nerfs, il ne tarde pas à faire l'expérience de cette grande vérité que Pascal n'aurait pas mieux sentie et mieux rendue :

« *Qu'on peut, dans la solitude la plus pro-*
« *fonde et vis-à-vis de soi-même ou de ses*
« *idées, n'avoir encore qu'une vie extérieure, et*
« *être aussi loin de soi qu'on l'est au milieu du*
« *monde.* Il n'y a que les objets de changés,
« mais ce sont les mêmes facultés qui s'exer-
« cent. A la place d'objets, d'impressions fri-
« voles, on s'entretient d'idées frivoles et légères
« qui promènent notre esprit dans un monde
« de phénomènes, d'illusions et de fantômes,
« en l'éloignant de plus en plus des réalités im-
« muables et des vrais et solides biens qui sont
« au dedans de nous. »

Il n'y a qu'une conscience merveilleusement sincère, et qu'un sens profond du vrai bien de l'âme qui puissent démêler et dépouiller ainsi la plus spécieuse des illusions, cette illusion d'une vie studieuse dont se bercent tant d'esprits qui se croient sérieux, et qui ne sont que gravement frivoles.

Il n'en était pas ainsi de Maine de Biran :
« Je suis agité avec mes livres et avec mes pro-
« pres idées, dit-il, comme je l'étais avec les
« affaires du monde et dans le tourbillon de
« Paris... Il semble que mon bien-être intellec-
« tuel et moral, la vérité que je cherche, le re-
« pos et la satisfaction intérieure de l'esprit,
« vont se trouver dans chacun des livres que je
« feuillette et consulte tour à tour, comme si
« ces biens n'étaient pas en moi et au fond de
« mon être, où je devrais les chercher par une
« vue soutenue et pénétrante, au lieu de glisser
« si rapidement sur tout ce que d'autres ont
« pensé, ou sur ce que j'ai pensé moi-même.....
« Je me reproche au fond de ma conscience de
« ne pas assez APPROFONDIR LA VIE, de n'en pas
« cultiver assez la partie sérieuse, de trop son-
« ger encore à ces amusements QUI NOUS FONT

« PASSER, SANS NOUS EN APERCEVOIR, DU TEMPS
« A L'ÉTERNITÉ. »

Admirable accent de la vérité dans une grande âme !

Tout le ramène à ce sentiment du souverain bien et de l'infini. Nous signalons une page pleine de fraîcheur et de douce émotion, à la date du 17 mai 1815, sur une promenade solitaire qu'il vient de faire par un beau soir dans la campagne, et d'où se dégage ce suprême sentiment :

« Sur toutes les impressions et les images va-
« gues, infinies, qui naissaient de la présence des
« objets et de mes dispositions, planait ce sen-
« timent de l'infini qui nous emporte quelquefois
« vers un monde supérieur aux phénomènes, vers
« ce monde *des réalités* qui va se rattacher à Dieu,
« comme *à la première et à la seule des réalités*.
« Il semble que dans cet état, où toutes les sen-
« sations extérieures et intérieures sont calmes et
« heureuses, il y ait un sens particulier appro-
« prié aux choses célestes, et qui, enveloppé
« dans le mode actuel de notre existence, est des-
« tiné peut-être à se développer un jour, quand

« l'âme aura quitté son enveloppe mortelle. »

Parmi tous ces sentiments, toutes ces observations et toutes ces expériences de son âme propre, la théorie du philosophe a fait du chemin et vient asseoir ses résultats. Le Condillacisme est jugé : l'activité, l'indépendance de l'âme est proclamée ; la double vie des sens et de l'âme est posée ; la volonté est assignée comme le principe actif et constitutif de l'homme. Voir sur tout cela une forte page à la date du 5 juin 1815, qui se termine ainsi :

« De quelque manière qu'on s'exprime, il
« faudra toujours convenir qu'il y a deux prin-
« cipes de vie différente dans la créature sujette
« à la mort et destinée à l'immortalité ; dans la
« créature sujette à toutes les passions et misères
« humaines, et capable de s'élever par une pen-
« sée active au-dessus de toutes les passions, de
« résister à tous les entraînements, de s'affran-
« chir de toutes les misères et de se créer un
« bonheur indépendant. Il faut rappeler sans
« cesse l'homme au sentiment de cette exis-
« tence indépendante ; il faut qu'il sache que
« sa *volonté*, et non pas les objets étran-

« gers, le constitue ce qu'il est : personne
« *morale*, intelligente et libre par essence. »

Un autre philosophe 'se serait arrêté là. Mais, au revers de cette page, Maine de Biran, toujours sincère disciple de l'expérience, se demande déjà si cette volonté, principe constitutif de notre nature indépendante, peut être à elle-même son but et son point d'appui ; et ce qu'il sent au dedans de lui-même lui répond aussitôt que non :

« Les fluctuations et le vide que je sens au-
« dedans de moi-même, qui m'empêchent de
« prendre une forme constante, *même en vivant*
« *avec moi*, tiennent à l'absence d'un sentiment
« moral, qui serve comme d'*ancre*, propre à
« fixer cette machine intellectuelle et sensible
« entraînée çà et là par une multitude d'impres-
« sions... Il n'y a qu'un *sentiment fixe* qui puisse
« déterminer ou amener des idées fixes ; voilà ce
« que m'a bien démontré ma propre expérience.
« Ce sentiment est : ou l'amour de la gloire, le
« désir de se faire un nom immortel, l'ambition,
« la cupidité (*et hoc quoque vanitas*) ; — ou, ce
« qui n'est pas vanité, la religion, un noble dé-
« sir de se rendre agréable à Dieu, en tirant le

« meilleur parti possible des facultés qu'il nous
« a données, et de gagner la palme d'une meil-
« leure vie ; — ou l'amour de l'humanité, le
« désir d'être utile à ses semblables sans au-
« cun intérêt, même celui de leurs suffrages ; —
« ou enfin le besoin d'être content de soi, la sa-
« tisfaction intérieure qu'on éprouve en don-
« nant à ses facultés la meilleure direction pos-
« sible, et en faisant bien pour soi, n'ayant que
« sa conscience pour juge. Ce dernier sentiment
« est mon principe d'action unique. »

Combien d'âmes se seraient encore reposées dans ce sentiment ? Mais Maine de Biran ne s'arrête pas qu'il n'ait épuisé l'entière observation de lui-même, et qu'il n'ait été jusqu'au bout de la vérité. Continuant, donc, il dit :

« Il (ce sentiment) suffit pour me mettre à l'ou-
« vrage et m'empêcher de tomber dans l'inaction ;
« mais il ne détermine pas assez la convergence
« des actes ou des idées vers un but certain ; il
« n'établit pas dans mon être moral cette suite qui
« fait que la vie est *une* et bien liée dans toutes
« ses parties. Pourvu que je sois content de moi
« à la fin du jour, cela me suffit ; mais la suite

« de pensées, d'actions du lendemain, ne se lie
« pas aux pensées ou aux actions de la veille,
« par cette seule raison qu'il n'y a pas en moi
« un sentiment fixe, qui étende ma vue au loin
« et me détermine à envisager un certain but
« placé à distance dans le temps ou l'espace... »

Ce grand but, que Maine de Biran a invoqué et touché naguère par anticipation, et dont il décrit ici le besoin et dessine la place avec une si parfaite vérité de sentiment et de style,—Dieu,—il s'abstient cependant de le préciser, par une réserve philosophique d'autant plus remarquable qu'il vient de le nommer, sans s'y arrêter, dans l'énumération des divers mobiles du cœur de l'homme : tant il est vrai qu'il ne part d'aucun préjugé et qu'il n'a aucune prévention pour quelque conséquence arrêtée à laquelle il veuille arriver par théorie. Loin de là, le sentiment religieux qui l'a fait s'écrier deux mois avant : *c'est assez longtemps se laisser aller au torrent des événements et des opinions; il faut s'attacher aujourd'hui au seul Être qui reste immuable,* est comme non avenu, il est remis au creuset philosophique, et ce qui sort de ce creuset après un an d'épreuve, c'est... le stoïcisme :

« 23 *juin* 1816.—L'art de vivre consisterait à
« affaiblir sans cesse l'empire ou l'influence des
« impressions spontanées, par lesquelles nous
« sommes immédiatement heureux ou malheu-
« reux, à ne rien attendre, et à placer nos jouis-
« sances dans l'exercice des facultés qui dépen-
« dent de nous, ou dans les résultats de cet
« exercice. Il faut que la volonté préside à tout
« ce que nous sommes : voilà le stoïcisme. Au-
« cun autre système n'est aussi conforme à
« notre nature... Philosopher, c'est réfléchir,
« faire usage de la raison en tout et partout,
« dans quelque position qu'on se trouve, au
« milieu des fous, comme parmi les sages, dans
« le tourbillon du monde comme dans la soli-
« tude et le silence du cabinet. Lorsqu'on est
« à ce point, on est à toute la hauteur où
« l'homme peut atteindre. »

Plus d'une fois nous verrons ainsi Maine de Biran lâcher prise, perdre pied, et revenir en deçà du point où il s'était d'abord avancé. On peut dire, même, que jusqu'à la fin, jusque dans le sein du Christianisme le plus élevé, il aura de ces retours et de ces entraînements en arrière, comme s'il remontait un courant ; mais en somme, à travers ce va-et-vient, sa philosophie ne cesse pas de monter. Nous aurons à rechercher et à apprécier le secret de ces fluctuations qui étonnent et affligent son honorable biographe ; quant à présent, félicitons nous-en, comme d'une épreuve des plus instructives de la vérité, si librement cherchée et trouvée.

Désormais, cependant, nous allons le voir avancer. L'âge (il avait alors près de cinquante ans) vient conspirer avec la vérité, pour lui faire sentir la secourable puissance de la Religion et le regret de ne pas s'en être prémuni plus tôt contre le désenchantement de la vie :

« 1er *septembre* 1816. — Il n'est pas étonnant
« qu'en avançant en âge on cherche plus à se
« distraire, ou que l'on soit plus disposé à se
« fuir soi-même. Nous ne trouvons plus en
« nous les sentiments aimables de la jeunesse et
« tout ce qui peut rendre l'homme ami de lui-
« même. En descendant dans son intérieur, on
« est forcé de reconnaître toutes les pertes qu'on
« a faites et qu'on fait chaque jour, etc... ; on

« sent qu'il n'y a plus de progrès à faire et que
« la fin s'approche. Comment ne pas éprouver
« le besoin d'éloigner tant de tristes pensées et
« de pénibles sentiments, lorsqu'on n'a pas
« cherché d'assez bonne heure un appui hors
« de ce monde de phénomènes, et que l'idée de
« Dieu, de l'immortalité, ne vient pas à notre
« secours? Heureux celui qui peut dire avec saint
« Paul : *Omnia possum in eo qui me confor-*
« *tat... quæ quidem retro sunt obliviscens, ad*
« *ea vero quæ sunt priora extendens meipsum.*

« ..... Mais le mal qui nous tourmente s'ac-
« croît par ces distractions mêmes, et on souffre
« doublement, par le dégoût des choses du de-
« hors ou d'un monde qui vous repousse, et
« par le mécontentement ou le vide plus pro-
« fond qu'on retrouve en soi, quand on est
« forcé d'y revenir. Voilà des faits d'expérience
« intérieure, que je constate chaque jour, et
« dont je me rends un compte réfléchi, pour
« m'exciter à *chercher dans le fond de mon*
« *être, et dans l'idée de Dieu qui s'y trouve, ce*
« *point d'appui qu'il est impossible de trouver*
« *ailleurs,* afin de donner à mon reste d'exis-

« tence le but qui lui manque tout à fait. »

En face d'une telle expérience, que devient le stoïcisme dont Maine de Biran disait un an avant : *Aucun autre système n'est aussi conforme à notre nature, c'est le plus haut point où l'homme puisse monter ?* Comme le stoïcisme lui avait servi à juger le Condillacisme, il est admirablement jugé lui-même aujourd'hui par une expérience et une vue supérieures de la vérité :

« 30 *septembre* 1817. — Les philosophes
« concluent faussement qu'on peut toujours
« ce qu'on peut quelquefois, qu'on peut de
« sang-froid, et par la seule énergie de la
« volonté, ce qu'on peut par l'impulsion d'une
« passion ou d'un sentiment exalté.... Les
« stoïciens pensaient que l'homme pouvait op-
« poser à tous les maux de la vie un enthou-
« siasme qui, s'augmentant par notre effort,
« dans la même proportion que la douleur et
« les peines, pouvait nous y rendre insensibles.
« Mais comment peut-il y avoir un enthou-
« siasme durable fondé sur la raison toute
« seule?... Comment la volonté de l'homme,
« qui est *conscius et compos sui,* peut-elle pro-

« duire le même effet que le délire, qui nous
« rend insensibles à toutes nos douleurs, en
« nous ôtant en même temps le libre usage de
« nos facultés? Suffira-t-il de nier la douleur
« pour cesser de la sentir? Cette morale stoï-
« cienne, toute sublime qu'elle est, est *contraire*
« *à la nature de l'homme*, en ce qu'elle pré-
« tend faire rentrer sous l'empire de la volonté
« des affections, des sentiments ou des causes
« d'excitations qui n'en dépendent en aucune
« manière ; en ce qu'elle anéantit une partie de
« l'homme même, dont l'homme ne peut se dé-
« tacher. *La raison seule est impuissante pour*
« *fournir des motifs à la volonté, ou des princi-*
« *pes d'action ;* IL FAUT QUE CES PRINCIPES
« VIENNENT DE PLUS HAUT.

Curieuse et merveilleuse facilité de cette âme à se déprendre de l'erreur et à reconnaître la vérité, au fur et à mesure qu'elle lui apparaît, suscitée par le sentiment le plus naïf et analysée par la raison la plus profonde. Mais ce sentiment inexorable de la vérité ne la laisse pas en repos ; il s'accroît de ses découvertes : il creuse en elle un besoin de plus en plus vaste et dévorant, que la possession seule de son objet pourra remplir, et qui lui fait prendre en supplice et en dégoût tout le reste : — « Je n'ai pas de « base, pas d'appui…. Je souffre…. » —Tel est le cri qui revient à chaque instant.

Un écho sympathique va répondre désormais à ce gémissement : c'est un livre, qui est l'ami et le guide des âmes souffrantes, et où la folie de l'Évangile apparaît comme la philosophie de l'humanité : l'*Imitation de Jésus-Christ*.

16 *novembre* 1817. — « *Comment peut-on « aimer une vie sujette à tant de dégoûts et de « misère, remplie de tant d'amertume? Comment peut-on appeler vie la source de tant de « maux*[1]. Ah! que je puisse avoir la force de me « supporter moi-même dans la retraite, de fuir « le monde, de m'appliquer uniquement à ce « qui peut perfectionner mon être intellectuel, « me faire bien vivre et me préparer à bien « mourir. »

17 *novembre*. — « *Demeurer ferme et constant « dans ce que Dieu veut de nous, quoiqu'on « ne ressente ni goût, ni consolation, ni sû-*

---

[1] *Imitation de Jésus-Christ.*

4.

« *reté*[1]. Les chrétiens, comme les bons philo-
« sophes, savent bien que nous ne pouvons faire
« prédominer l'esprit sur le corps, ni anéantir la
« partie passive de nous-mêmes *sans une grâce*
« *particulière.* »

Voilà Maine de Biran entré dans les eaux du Christianisme : il a franchi le pas du naturel au surnaturel. Mais sa philosophie, qui l'y a conduit, et qui ne l'abandonne pas, semble réclamer : « Quand on se déplaît et qu'on se hait ou se mé-
« prise en soi, dit-il admirablement, on peut se
« plaire, se glorifier, s'honorer en Dieu. *Mais*
« cette sublime pensée peut-elle absorber le
« *moi ?* et si le *moi* s'y absorbe, comment y a-t-il
« pensée, liberté ? »

Pour comprendre la légitimité de cette réclamation, il faut se rappeler que toute la philosophie de Maine de Biran consiste, comme nous l'avons vu, dans la *volonté* comme principe actif et constitutif de notre nature indépendante. C'est par la découverte et la restauration de ce principe du *moi-volonté*, qu'il s'est affranchi du sensualisme, et qu'il s'est élevé successivement au spi-

[1] *Imitation de Jésus-Christ.*

ritualisme, au stoïcisme, au Christianisme. Comment peut-il maintenant voir ce principe disparaître dans son triomphe, et s'absorber dans son suprême développement? C'est là un problème qui l'occupera longtemps, et dont la solution oscillera plus d'une fois entre les extrêmes, jusqu'à ce qu'elle se fixe dans la lumière de l'expérience. Mais ce qui est admirable de sagesse et de sincérité, c'est que cette difficulté si capitale, si radicale, n'empêchera pas Maine de Biran d'avancer ; il ne se buttera pas contre elle : il ne cessera pas, non plus, de faire ses réserves, jusqu'à ce qu'une vue plus élevée lui donne satisfaction : Il n'y a que ceux qui cherchent la vérité pour elle-même à qui il soit donné de se conduire ainsi.

L'année 1818 marque un épanouissement dans l'intelligence du Christianisme; l'*Imitation de Jésus-Christ*, les Psaumes, saint Paul, Fénelon, Pascal, reviennent souvent, désormais, sous la plume de Maine de Biran, avec un à-propos qui n'a rien de cherché et qui est comme l'*appoint* de sa philosophie.

28 *mars*. — « *Dormitavit anima mea præ tæ-*

*dio, confima me in verbis tuis*[1]. La parole qui
« peut me vivifier ne viendra pas de moi ou de
« ma volonté, ni de rien de ce que je puis en-
« tendre ou recueillir du dehors.... »

26 *avril*. — « J'ai eu de bons moments où je
« sentais tout ce qu'il y a de misérable dans
« mes intérêts relatifs, et la nécessité, le besoin
« qu'a toute âme de se rattacher à quelque
« chose qui ne change pas.... »

1$^{er}$ *mai*. — « Je sens plus que jamais le besoin
« de reposer ma pensée sur quelque chose qui
« ne change pas, et de m'attacher enfin à un
« point fixe : l'absolu, l'infini ou Dieu. Les
« idées ou les sentiments religieux seraient à
« présent les besoins de mon esprit et de mon
« cœur ; mais lorsque ces grands objets, seuls
« permanents, seuls capables de remplir l'âme,
« n'ont pas fait sa nourriture habituelle, com-
« bien il en coûte pour les aborder, et surtout
« pour s'y attacher d'une manière fixe.... Je ne
« suis plus dupe des prestiges du monde ; je
« méprise, au fond, toutes ces vaines agitations
« qui captivent les esprits superficiels et légers

[1] Psaume.

« qui n'ont jamais connu le *sérieux* de la vie ;
« et cependant je me laisse aller à ce mouve-
« ment... Je ne suis sérieusement ni tout de
« bon à rien ; je veux commencer chaque jour
« une nouvelle vie, et je suis entraîné dans la
« même. La rapidité avec laquelle s'écoulent
« les jours, les heures, à cette période de ma
« vie, me saisit d'étonnement et d'effroi quand
« j'y réfléchis... En tout, ma vie est triste et
« misérable, au fond, sans espoir d'un avenir
« meilleur dans ce monde : il faut penser à
« l'autre, et s'appuyer sur l'Être qui ne change
« pas, qui juge les cœurs et les esprits, et voit
« tout comme il est.... Je m'appuyais sur moi-
« même, je comptais sur mes facultés, j'espé-
« rais qu'elles s'étendraient toujours, j'attendais
« de grands progrès du temps et du travail ;
« et l'expérience m'apprend que je m'appuyais
« sur un faible roseau, agité par les vents et
« rompu par la tempête.... *L'homme se fait*
« *plus de mal à lui-même quand il ne cherche*
« *pas Dieu que tous ses ennemis ne peuvent lui*
« *en faire*[1]. »

[1] *Imitation de Jésus-Christ.*

26 *mai*. — « Ne trouvant en moi, ni hors de
« moi, dans le monde de mes idées ni dans
« celui des objets, rien qui me satisfasse, rien
« sur quoi je puisse m'appuyer, je suis plus
« enclin depuis quelque temps à chercher dans
« les notions de l'Être absolu, infini, immua-
« ble, ce *point d'appui fixe*, qui est devenu le
« besoin de mon esprit et de mon âme. Les
« croyances religieuses et morales, que la rai-
« son ne fait pas, mais qui sont pour elle une
« base ou des points de départ nécessaires, se
« présentent comme mon seul refuge, et *je ne*
« *trouve de* SCIENCE VRAIE *que là précisément où*
« *je ne voyais autrefois, avec les philosophes,*
« *que des rêveries et des chimères.* Ce que je
« prenais pour la réalité, pour le propre objet
« de la science, n'a plus à mes yeux qu'une
« valeur purement phénoménique ; mon point
« de vue a changé avec mes dispositions et mon
« caractère moral... »

Nous ne dissimulerons pas la double émotion que nous éprouvons en transcrivant ces pages si naïvement profondes, si expérimentalement savantes : l'émotion qu'elles font éprouver en elles-mêmes, comme exposition d'une noble souffrance ; et l'émotion qui s'attache à leur divulgation, par la portée secrète qu'elles peuvent avoir sur tant d'âmes qui doivent s'y reconnaître et en recevoir une salutaire impression.

Pour décliner ce haut enseignement, dira-t-on que cet état de l'âme de Maine de Biran est un état maladif, dont on ne ressent pas comme lui les angoisses ; ou l'effet d'un déclin prématuré de l'âge, qui assombrissait en lui la raison ?

Assurément l'état de Maine de Biran était maladif ; mais c'est là l'état général de la nature humaine, dépossédée du bien souverain pour lequel elle est tellement faite, qu'elle ne peut se consoler de sa privation que par un étourdissement plus maladif encore que sa souffrance. Comme nous sommes réellement misérables, c'est l'être doublement que de ne le pas sentir. Aussi ce sentiment de sa misère, qu'on prend pour la maladie, est la première phase de la guérison. C'est ce que ressentait Maine de Biran, et ce qu'il rendait ainsi sous l'impression de cette noble expérience :

« Lorsque nous passons d'un état plus ou moins
« fâcheux à un état meilleur, nous sentons que
« nous étions misérables alors, sans connaître
« notre misère, et en vérité nous n'en avions pas
« une conscience distincte ; *mais était-il moins*
« *vrai que nous étions misérables?* La philosophie
« du relatif a tout faussé, tout sophistiqué ; il
« s'agirait de rétablir la vérité absolue dans
« ses droits. »

Maine de Biran vient donner ici la main à Pascal : « C'est tout ce qu'ils ont pu inventer
« pour se consoler de tant de maux. Mais c'est
« une consolation bien misérable, puisqu'elle
« va, non pas à guérir le mal, mais à le cacher
« simplement pour un peu de temps, et qu'en
« le cachant elle fait qu'on ne pense pas à le
« guérir.... » — « Il est certain qu'à mesure
« que l'homme a de lumière il connaît qu'il est
« misérable. Il est donc misérable puisqu'il le
« connaît, *mais il est grand parce qu'il se con-*
« *naît misérable* [1],

Quant à ce déclin prématuré de l'âge, à cette approche de sa fin qu'on pourrait vouloir con-

[1] *Pensées* de Pascal.

sidérer comme une cause de trouble dans les vues de Maine de Biran, lui-même s'en explique encore ainsi : « On dit que si les hom-
« mes deviennent religieux ou dévots en avan-
« çant en âge, c'est qu'ils ont peur de la mort
« et de ce qui doit la suivre dans une autre
« vie. Mais j'ai, quant à moi, la conscience
« que, sans aucune terreur semblable, sans
« aucun effet d'imagination, le sentiment reli-
« gieux peut se développer à mesure que nous
« avançons en âge : parce que les passions
« étant calmées, l'imagination et la sensibilité
« moins excitées ou excitables, *la raison est*
« *moins troublée dans son exercice, moins of-*
« *fusquée par les images ou les affections qui*
« *l'absorbaient;* alors Dieu, le souverain bien,
« sort comme des nuages, notre âme le sent, le
« voit, en se tournant vers lui source de toute
« lumière ; — parce que, tout échappant dans
« le monde sensible, l'existence *phénoménique*
« n'étant plus soutenue par les impressions ex-
« ternes et internes, on sent le besoin de s'ap-
« puyer sur quelque chose qui reste et qui ne
« trompe plus, sur une réalité, sur une vérité

« absolue, éternelle; — parce que, enfin, ce
« sentiment religieux, si pur, si doux à éprou-
« ver, peut compenser toutes les autres pertes.
« La crainte de la mort ou de l'enfer n'a rien
« de commun avec ce sentiment, et se trouve
« au contraire en opposition directe avec lui. »

Ainsi le développement religieux dans Maine de Biran prenait sa source dans une raison plus libre, dans une vue plus nette. Loin d'être imputable à un état maladif ou de déclin, il tenait à un état de supériorité et de progrès : ce qui est pleinement confirmé par ce que raconte M. Naville père, de l'ascendant qu'exerçait Maine de Biran sur la société philosophique de son temps, lorsqu'il lui apparut, quelques jours avant sa mort, *dans toute la séve et tout le triomphe du génie.*

Lui-même explique encore ainsi cette supériorité qu'il ressentait, en en faisant hommage à la religion :

« *La religion résout seule les problèmes que*
« *la philosophie pose.* Elle seule nous apprend
« où est la vérité, *la réalité absolue ;* elle nous
« dit aussi que, jugeant les choses sur le rap-

« port des sens ou d'après nos passions, ou
« même *d'après une raison artificielle et de
« convention*, nous vivons dans une illusion
« perpétuelle. C'est en nous élevant vers Dieu,
« en cherchant à nous identifier avec lui par sa
« grâce que nous voyons et apprécions les cho-
« ses *comme elles sont*. Il est certain que le point
« de vue des sens et des passions n'est pas du
« tout celui de la raison humaine, encore moins
« celui de cette *raison supérieure* qui, assistée
« du secours de la religion, plane sur toutes les
« choses de ce monde... »

Quand on en est venu à ce point de la connaissance de la vérité, on lui est redevable : on lui doit de la pratiquer, de la faire ; et de passer par là de sa connaissance à sa possession, de la science à la sagesse, du vrai au bien : « *Il faut agir, pratiquer la loi morale dans toute sa pureté*, dit Maine de Biran lui-même dans le même temps, *pour avoir en soi quelque chose de supérieur à la science.* » Vérité profonde qu'il va approfondir davantage encore, par la douloureuse épreuve du retard qu'il mettra à s'y conformer.

Nous allons le voir désormais, en effet, dans sa suprême lutte avec la vérité : le drame (car c'est un vrai drame) va se resserrer de plus en plus jusqu'à son dénoûment. A mesure que la lumière divine va pénétrer dans cette âme, et l'inonder de ses clartés, s'accroîtront en elle le sentiment de sa misère et le dégoût de son état, de plus en plus accusé par la vérité. L'homme plus que jamais va souffrir, le philosophe grandir, et le chrétien se former et paraître. Préparons-nous à recueillir les vérités précieuses qui vont jaillir de cette épreuve, et auxquelles la vie du langage ne fera pas défaut.

Il recule d'abord et il s'affaisse dans un sensualisme, délicat, sans doute, mais dont l'amère mélancolie trahit la misère :

*Grateloup, 29 juillet* 1818. — « J'arrive chez
« moi; j'y goûte tout le sentiment de la propriété.
« Les changements opérés depuis mon départ in-
« téressent vivement ma curiosité, et m'appellent
« *tout entier au dehors.* J'examine chaque objet
« avec une attention pleine d'attrait; tout m'in-
« téresse, le moindre arbuste, la plante qui
« échappe à d'autres yeux appelle mes regards;

« c'est à moi, c'est une *partie de moi-même...*
« C'est ici, dans ce lieu où tout est comme une de
« mes créations, que je puis couler encore quel-
« ques jours sereins, hors du tourbillon des af-
« faires, menant une vie simple, tranquille,
« studieuse, qui se terminera doucement par le
« sommeil, lorsque mon heure sera arrivée
« d'aller dormir et reposer mes os près de ceux
« de la mère de mes enfants. En attendant,
« mon reste d'existence s'avive par la présence
« de tant d'objets qui m'intéressent, de mes
« bois, de mes prés, de mes vignes ; je vis plus
« qu'ailleurs, hors du mouvement et des im-
« pressions qui faisaient autrefois ma vie. »

Touchante, mais bien vaine illusion, dans laquelle cette âme cherche à se bercer et à s'endormir, et qui ne durera guère.

24 *août*. — « Fénelon dépeint un état que je
« connais trop bien par ma propre expérience :
« *Lorsque Dieu et tous ses dons se retirent de*
« *l'âme, l'âme éprouve un état d'angoisse et une*
« *espèce de désespoir : on ne peut plus se sup-*
« *porter ; tout se tourne à dégoût ; le cœur est*
« *flétri et presque éteint.....* Combien de fois

« j'ai éprouvé cela à l'instant même où je vou-
« lais me rendre compte à moi-même d'une cer-
« taine situation donnée, et la peindre dans ce
« journal ! « *Le cœur est comme un arbre dessé-*
« *ché jusqu'à la racine ; mais attendez que l'hi-*
« *ver soit passé et que Dieu ait fait mourir tout*
« *ce qui doit mourir, alors le printemps ranime*
« *tout.* »

C'est ce qu'il va ressentir lui-même les jours suivants ; il se relève :

25 *août*.— « Il faut que notre âme reste tou-
« jours en possession d'elle-même, et que rien
« ne la possède. Il faut user de tout, faveurs,
« fortune, dignités, talents, qualités person-
« nelles, AVEC LA RETENUE D'UN CŒUR QUI SE
« RÉSERVE POUR UN PLUS DIGNE OBJET, et d'un
« esprit sage qui sait que tous ces biens sont
« passagers : *Præterit figura hujus mundi.* Il
« faut faire son devoir avant tout... »

26 *août*.— « Les hommes religieux éprouvent
« les mouvements de la grâce, comme prove-
« nant d'une force surnaturelle qu'ils ne se
« donnent pas, mais qui agit sur eux, d'autant
« plus efficacement qu'ils font abnégation plus

« complète d'eux-mêmes en n'employant leur
« activité qu'à se mettre dans un état d'aban-
« don d'eux-mêmes et de confiance absolue en
« Dieu, pour attendre leurs inspirations de sa
« grâce, les recevoir et s'y laisser aller... »

Cette notion expérimentale de la grâce, éprouvée par l'homme, est supérieurement comprise et classée par le philosophe :

19 *septembre*.— « Dans le point de vue psycho-
« logique, ou sous le rapport de la connaissance,
« l'âme tire tout d'elle-même, ou du *moi*, par la
« réflexion ; mais, dans le point de vue moral,
« ou sous le rapport de la perfection à attendre,
« du bonheur à obtenir, ou du but de la vie à
« espérer, l'âme tire tout ou reçoit tout *du*
« *dehors ;* non de ce dehors du monde, des
« sensations, mais *du dehors supérieur* d'un
« monde purement intellectuel, dont Dieu est
« le centre ; car l'âme ne trouve en elle qu'im-
« perfection, bassesse, misères, vices, légèreté.
« Comment donc l'idée ou le sentiment qu'elle a
« du parfait, du grand, du beau, de l'éternel
« pourrait-il naître de son propre fonds...? Il
« faut reconnaître que les vérités morales et

« religieuses qui ont le bien pour objet, et la
« perfection pour fin, ont *une autre source* que
« les vérités psychologiques, limitées à l'homme
« sensible et intelligent. »

Et en même temps que le philosophe distingue si bien cette source du bien, du parfait, du grand, du beau et de l'éternel, l'homme sent le besoin d'y recourir.

*21 septembre.* — « L'âge où je suis arrivé, de-
« puis un an (50 ans), est une époque de la vie
« bien critique. Parvenu aux deux tiers de ma
« carrière, je vois déjà approcher les grandes
« ombres qui vont m'envelopper... La religion se
« présente, à la fin de la vie, comme la grande,
« l'unique source de consolation et de force
« morale; mais si le sentiment religieux n'a pas
« été auparavant un besoin de l'âme, ou n'est pas
« toujours resté dans son fonds, il est difficile
« qu'il vienne adoucir la fin de notre carrière. »

1ᵉʳ *novembre...* — « *Je prie Dieu* (première
« apparition de la prière) qu'il me donne cette
« paix que le monde ne peut donner, et que
« l'homme trouve si difficilement en lui par ses
« propres forces... »

13 *décembre.*—« Le secours de Dieu nous est
« nécessaire *dans les choses mêmes qui sont ou*
« *paraissent être en notre pouvoir.* Je me trouve
« dénué de toutes mes facultés, précisément
« parce que j'ai trop compté sur moi-même, et
« que je n'ai pas pris l'habitude de me confier
« dans un secours et un appui supérieur, *de le*
« *demander par la prière*, afin de me forti-
« fier. »

A la lumière croissante de cette vérité, le philosophe reprend sa théorie et lui donne une forme plus accusée :

18 *décembre.* — « L'homme s'offre aux autres
« et à lui-même, comme dans une perspective
« qui a plusieurs plans reculés les uns derrière
« les autres. J'en distingue trois bien particu-
« lièrement. Le premier fait saillie au dehors :
« je ne suis rien pour moi en moi-même, je
« songe à paraître aux yeux des autres, je suis
« en eux et rien que par eux. — Dans la seconde
« perspective, je me sépare du monde extérieur
« pour le juger, mais j'y tiens comme à l'objet
« ou au terme de toutes les opérations de mon
« esprit. — Dans la troisième, je perds tout à

« fait de vue le monde extérieur et moi-même ;
« et le monde invisible, Dieu, est l'objet ou le
« but de ma pensée. Le *moi* est entre ces deux
« termes. Ainsi les extrêmes se touchent ; la
« nullité d'efforts ou l'absence de toute activité
« emporte la nullité de conscience ou du moi, et
« *le plus haut degré d'activité intellectuelle* em-
« porte l'absorption de la personne en Dieu, ou
« l'abnégation totale du *moi* qui se perd de vue
« lui-même. »

Sauf ce qu'il y a de reprochable dans cette dernière assimilation de l'abnégation chrétienne à la *nullité de conscience* de la vie de sensation, ce sur quoi Maine de Biran lui-même reviendra, on peut admirer déjà cette belle philosophie qui, mûrie plus encore par l'expérience, nous apparaîtra finalement dans tout l'éclat de la raison et de la vérité. Le moi, centre de l'âme, se trouve en rapport avec trois mondes : le monde sensible, le monde rationnel, et le monde divin. De sa demeure propre, qui est le monde rationnel, il se trouve ainsi entre deux *dehors* de lui-même : le dehors inférieur et le dehors supérieur, le dehors extérieur, si l'on peut ainsi dire, et le dehors intérieur, la matière et l'esprit, le monde et Dieu. Dans son passage à l'un où à l'autre, l'âme sort d'elle-même : mais du côté des sens, c'est par la diminution ou la perte de son activité, du côté de Dieu, c'est *par le plus haut degré d'activité :* dans le monde matériel c'est pour y dépenser et y épuiser son patrimoine, dans le monde spirituel dont Dieu est le centre, c'est pour l'accroître et le renouveler, comme à la source du parfait, du grand, du beau, du vrai, du bien et de l'éternel. Quant à s'isoler en elle-même, dans le monde purement rationnel, et à s'y séquestrer, outre qu'elle s'y appauvrirait bien vite, car l'*âme tire tout ou reçoit tout du dehors*, elle ne tarderait pas, par cet appauvrissement même, à tomber dans le dehors inférieur des sens, dans ces *ténèbres extérieures* que la langue sublime de l'Évangile oppose toujours au *Royaume intérieur* de la lumière et de la vérité.

Une seule difficulté préoccupe encore Maine de Biran et, sans l'empêcher d'avancer, est toujours l'objet de ses réserves, témoignant par là en même temps et toute la fidélité de son âme et toute la sagesse de son esprit ; c'est ce qui résulte de cette belle réflexion qui termine l'année 1818 :

« Dans mes meilleures dispositions, j'ai été
« jusqu'ici seul avec moi-même. « Pauvre con-
« seil où Dieu n'est pas, » dit Fénelon. *La pré-*
« *sence de Dieu opère toujours la* SORTIE *de*
« *nous-mêmes, et c'est ce qu'il nous faut.* Com-
« ment concilier cela avec ma doctrine psycholo-
« gique du *moi ?* »

Il le conciliera parfaitement, bientôt, mais convenons, en attendant, que l'esprit philosophique ne s'est jamais recommandé par plus d'honnêteté, de sagesse, et de scrupuleuse raison.

Nous passons à l'année 1819, cinq ans nous séparent encore de la fin de cette vie vouée au martyre de la vérité : cette vérité en sort peu à peu, comme d'un moule brisé par le marteau de la souffrance, et dont chaque débris la découvre plus entièrement :

17 *janvier.*—« Ramener toute sa vie à l'unité.
« Il n'y a qu'*une* idée universelle, centrale, qui
« puisse rendre *une* cette vie si multiple, si con-
« fuse : Dieu, la vertu, le souverain bien, le
« devoir. »

« Quand j'ai vécu dans la solitude, j'ai sou-
« vent désiré le monde; quand j'ai été dans le
« monde, j'ai désiré la solitude. » (Ces paroles
sont-elles de l'*Imitation*, sont-elles de Maine
de Biran? Elles sont de l'âme humaine.) « L'exil
« est partout sur cette terre et dans quelque lieu
« que nous soyons, quelle que soit notre condi-
« tion, la vie est un combat perpétuel. Pour-
« quoi désirerais-je donc changer de lieu, de si-
« tuation? Il faut attendre patiemment le mo-
« ment de la délivrance : ce sera en Dieu seul
« que nous goûterons une joie parfaite, que nous
« jouirons d'une paix affermie de toutes parts. »

30 *avril*. — « Le sentiment religieux, ré-
« veillé dans l'âme par l'action de prier, est émi-
« nemment propre à nous faire surmonter les
« obstacles. C'est là l'effet de la grâce que les
« stoïciens cherchaient vainement à suppléer
« par la seule force de l'âme... »

— « Nous avons l'idée d'un bien immuable
« qui remplisse toute la capacité de notre âme,
« et ne passe pas. Nous avons soif d'un tel bien,
« nous courons après : n'est-ce pas là le signe
« d'une autre destinée...? »

*Eaux-Bonnes, 29 août.* — « Où trouver quel-
« que chose qui reste le même, soit au dedans,
« soit au dehors de nous ?... Quel sera donc *le*
« *point d'appui fixe* de notre existence ? où rat-
« tacher sa pensée pour qu'elle puisse se retrou-
« ver, se complaire ou s'approuver dans quel-
« que chose que ce soit ? La religion donne
« seule une réponse, la philosophie ne le peut
« pas ?... »

Le sentiment de sa misère ne cesse de croître avec celui de la force qu'il tire de Dieu, laquelle est en raison de ce sentiment même de sa faiblesse, expérimentant le grand mot de saint Paul : *cum infirmor tunc potens sum.*

*Saint-Sauveur, 22 septembre.* — « Tout ce
« qui peut nous arriver de favorable vient de
« Dieu, et non pas de nous-mêmes, êtres incon-
« stants et faibles qui ne sommes que vanité,
« néant et poussière devant Dieu. »

Sur quoi il fait cette réflexion, ou plutôt, faisant comparaître la philosophie au tribunal de l'âme, et la confrontant à la religion, il rend cet arrêt : « Cette abnégation de soi-même et
« de tout ce qu'il y a de terrestre, de sensible

« ou d'humain en nous et hors de nous, est le
« caractère propre et éminent de la philosophie
« chrétienne, à laquelle, sous ce rapport, nulle
« autre ne peut être comparée, et qui surpasse
« tout ce que la philosophie des anciens a de
« plus élevé. Le Christianisme pénètre bien
« plus avant dans le cœur de l'homme ; il lui
« révèle bien mieux tout le secret de sa fai-
« blesse *que la philosophie tend à lui cacher ;*
« et seul lui apprend où il trouve une force qui
« n'est pas en lui, puisque, évidemment, il
« ne dépend pas de lui-même, et que ce qui le
« constitue *lui*, à titre de force *sui juris*, peut
« disparaître et s'évanouir à chaque instant. »

Puis il reprend, avec cette profondeur et cette intégrité de vue qui embrasse toute philosophie et la complète, en l'exhaussant jusqu'à Dieu (c'est du Pascal, moins saillant, mais plus philosophique) : « Observons les derniers de-
« grés de perfection dont notre nature est sus-
« ceptible, et dont la vraie philosophie ne peut
« s'empêcher de tenir compte exactement, au
« lieu de s'arrêter au degré le plus bas et au
« dernier ordre de facultés, comme si c'étaient

« là nos limites. C'est dégrader l'homme, c'est
« l'anéantir que de ne voir en lui que deux
« facultés sensitives, et de tout rattacher à l'or-
« ganisme, comme s'il n'y avait pas une force
« active, libre, indépendante du *fatum*, force
« qui a ses lois propres élevées au-dessus de la
« nature. Ceux qui considèrent le *moi* hors des
« sensations, ou supérieur à elles, *commencent*
« à entendre l'homme; mais s'ils ne remontent
« pas plus haut, ils ne le voient encore que par
« un de ses côtés inférieurs. Pour le mieux en-
« tendre, il faut remonter plus haut. Il faut que
« le *moi* se considère lui-même comme étant
« par rapport à Dieu, force suprême dont il
« dépend quant à l'origine et au fond de son
« être, ce qu'il est, lui, par rapport au corps.
« Lorsque l'homme se considère ainsi par rap-
« port à Dieu, il apprend à rapporter à cette
« source de tout bien tout ce qu'il sent en lui-
« même de bon, toutes ces dispositions heu-
« reuses et ces bons mouvements, ces élans de
« l'âme vers la vérité que l'homme ne fait pas,
« et dont il sait bien qu'il n'est pas la cause
« efficiente, comme il est cause des mouve-

« ments volontaires de son corps, ou des opé-
« rations actives de son esprit. »

Voilà la philosophie intégrale. Pressentie par Platon, elle avait été déjà heureusement formulée dans cette parole de Plutarque : *Le corps est l'instrument de l'âme, et l'âme est l'instrument de Dieu.* Mais le Christianisme seul l'a réalisée ; parce que lui seul, en donnant à l'homme la parfaite connaissance de sa misère, lui a ouvert en même temps la source de sa grandeur, de cette force, de cette grâce d'en haut que Dieu lui-même est venu dispenser à toute bonne volonté qui s'y soumet par l'abnégation d'elle-même.

*L'abnégation*, LA SORTIE DE SOI-MÊME, comme dit excellemment Maine de Biran, nécessaire pour passer en Dieu et pour que Dieu passe en nous, par un saint commerce de foi et de grâce, est le principe nouveau que le Christianisme a apporté au monde, en lui rendant sensible, vivante, personnelle cette *présence de Dieu qui opère toujours la sortie de nous-mêmes*.

Ce qui donne à la reconnaissance et à la profession de ce principe par Maine de Biran un caractère unique et vraiment original d'autorité, c'est que nul philosophe, plus que lui, n'avait le droit de disputer l'empire de la volonté, dont il a été le restaurateur dans le nouvel âge philosophique. Si quelqu'un devait être éloigné du renoncement de la volonté, c'était celui qui en avait relevé le sceptre. Mais non, il ne l'avait, ce semble, affranchie de la dépendance des sensations que pour la conduire sous la dépendance de la grâce. Quelle contradiction! dira-t-on. Quelle suite admirable! dirons-nous; puisque c'est de sa dépendance de la grâce que l'âme tire son indépendance des sensations, sa force, sa domination, sa vie, suivant le bel adage : *Servir Dieu, c'est régner*, et selon cette profonde parole de la Vérité même : *Celui qui recherche son âme la perdra, et celui qui la perd pour l'amour de moi la retrouvera*[1].

Du reste, comme nous l'avons déjà remarqué, Maine de Biran, dans cet abandon à la grâce, reste jaloux de sauvegarder la force naturelle de la volonté. Nous l'avons vu préoccupé de concilier le principe chrétien de l'abnégation

[1] Matthieu, x, 39.

avec sa doctrine psychologique du *moi*, et, dans le même temps, nous le voyons protester, avec sa sage et forte raison, contre un faux mysticisme :

2 *janvier* 1819. — « Qu'on dise que Dieu
« seul produit en nous son idée, à laquelle
« notre esprit fini ne saurait s'élever par ses
« propres forces, que la grâce produit aussi en
« nous les bons mouvements affectifs qui rem-
« plissent le cœur de son amour ; mais qu'on
« ne dise pas que c'est Dieu qui effectue les
« actes de liberté que nous nous approprions,
« que nous *sentons comme des produits de notre*
« *effort voulu.* » — Et ailleurs, 10 *juin* 1820 :
— « La puissance de l'âme (exagérée par les
« stoïciens) vient de Dieu, qui l'a donnée en
« créant l'âme, et, dans ce sens, toute la puis-
« sance appartient originellement à Dieu ; mais
« n'est-elle actuellement que la puissance ou
« la force de Dieu, tellement qu'il n'y en ait
« aucune part appartenant en propre à l'âme?
« Si on le disait, il faudrait dire aussi que
« l'âme n'est rien par elle-même, car sa sub-
« stance ne peut être autre chose que sa force ;
« en ôtant l'une, l'autre est ôtée par cela même.

« Le point de vue mystique qui anéantit la
« force, ou la met toute en Dieu, annule aussi sa
« substance avec le *moi*. »

Quel métaphysicien, qui joint ainsi la profondeur de Leibnitz à l'élévation de Platon, et que l'autorité d'un tel esprit est imposante !

Au surplus, la sagesse chrétienne est assez disculpée de ce reproche de faux mysticisme qu'on voudrait lui adresser, par l'expérience de Maine de Biran, expérience qui lui a déjà fait « dire que l'abnégation totale du moi est *le plus* « *haut degré d'activité intellectuelle* » et qui le lui fait sentir, dans cet effort héroïque, qui lui coûte tant, de se donner une fois à Dieu. Chaque gémissement de cette âme prouve ainsi la grandeur du but où Dieu l'appelle, et où elle monte de plus en plus :

8 *novembre* 1819. — « Je cherche mon appui
« et je sens de plus en plus qu'il ne peut être en
« moi ; il est dans le sentiment religieux ou
« dans l'idée de Dieu que j'ai trop négligé, dont
« je me suis toujours éloigné... Cette idée
« pourrait me devenir plus habituelle par un
« certain régime intellectuel et moral auquel

« il serait temps de me soumettre, par l'oraison
« de silence ou la méditation. »

9 *décembre*.—« Résignation, patience et tran-
« quillité d'âme, c'est là le plus haut degré où
« l'âme puisse arriver par le seul secours de la
« philosophie ; mais *aimer* la souffrance, s'en
« réjouir comme d'un moyen qui conduit à la
« plus heureuse fin, s'attacher *volontairement*
« à la croix, à l'exemple du Sauveur des
« hommes, c'est ce que peut seul enseigner et
« pratiquer le philosophe chrétien. *On n'est*
« *pas maître de sentir, mais on l'est de con-*
« *sentir moyennant la grâce de Dieu*[1]. »

14 *avril* 1820. — « *Un moment de recueille-*
« *ment, d'amour et de présence de Dieu fait plus*
« *voir et entendre la vérité que tous les raisonne-*
« *ments du monde*[2]... La présence de Dieu s'an-
« nonce par cette lucidité d'idées, cette force de
« conviction, ces intuitions vives, pures et spon-
« tanées, auxquelles s'attache, non pas seulement
« la vue, mais le sentiment intime de la vérité.
« Ce n'est pas seulement une conception, une en-

[1] Saint François de Sales.
[2] Fénelon

« tente de paroles, c'est de plus une suggestion
« intérieure de leur sens le plus profond et le seul
« vrai, sans aucun mélange de sensible ou d'ima-
« ginaire ; c'est ainsi que Jésus-Christ dit : *Ve-*
« *niet Paracletus qui suggeret vobis omnia quæ-*
« *cumque dixero.*

« A en juger par ce que j'éprouve, et ne con-
« sidérant que *le fait psychologique* seulement, il
« me semble qu'il y a en moi un sens supérieur
« et comme une *face de mon âme* qui se tourne
« par moments vers un ordre de choses ou
« d'idées supérieures à tout ce qui est relatif à la
« vie vulgaire. J'ai alors le sentiment intime, la
« vraie suggestion de certaines vérités qui se
« rapportent à un ordre invisible, à un mode
« d'existence meilleur et tout autre que celui où
« nous sommes. Mais ce sont des éclairs qui ne
« laissent aucune trace dans la vie commune...
« C'est cette disposition, qui paraît spontanée
« ou dépendante de certaines conditions organi-
« niques, qui est ce qu'il y aurait de plus es-
« sentiel à cultiver en nous, si nous pouvions
« en connaître les *moyens...* Il y a un *régime*
« *physique* comme un régime moral qui s'y ap-

« proprie : la *prière*, les exercices spirituels, la
« vie contemplative ouvrent ce sens supérieur,
« développent cette face de notre âme tournée
« vers les choses du ciel et ordinairement si ob-
« scurcie. Alors nous avons la présence de Dieu,
« et nous sentons ce que tous les raisonnements
« des hommes ne nous apprendraient pas. »

Ajoutons : et ce que tous ces raisonnements ne peuvent nous enlever; car ces belles vérités dont nous ne citons que les traits culminants, et dont le riche développement doit être lu dans le *Journal intime*, défient le doute. Ce sont des faits, des *faits psychologiques et non pas de foi seulement*. Les chrétiens les savent, les rationalistes les ignorent, parce que l'expérience seule les apprend, comme elle les défend contre toute vaine argutie : « On ne connaît pas parmi nous
« la vie intérieure, dit excellemment Maine de
« Biran avec l'accent de Pascal, on la regarde
« comme folle et vaine, tandis que ceux qui
« connaissent cette vie regardent du même œil
« les gens du monde qui sont tout hors d'eux-
« mêmes. Qui est-ce qui a raison? Ceux qui
« nient ce qu'ils ne connaissent pas et ne veu-

« lent pas connaître? Je connais aussi bien que
« vous le monde extérieur et je le juge ; vous
« n'avez pas l'idée de mon monde intérieur et
« vous voulez le juger! »

« Il est impossible, dit-il encore très-bien,
« de nier au vrai croyant qui éprouve en lui-
« même ce qu'il appelle les effets de la grâce,
« qui trouve son repos et toute la paix de son
« âme dans l'intervention de certaines idées ou
« actes intellectuels de foi, d'espérance et d'a-
« mour, et qui *de là parvient même à satisfaire*
« *son esprit sur des problèmes insolubles dans*
« *tous les systèmes,* il est impossible, dis-je, de
« lui contester ce qu'il éprouve, et, par suite,
« de ne pas reconnaître le fondement vrai
« qu'ont en lui, ou dans ses croyances reli-
« gieuses, les états de l'âme qui font sa consola-
« tion et son bonheur. »

Tout cela est inattaquable pour les croyants autant qu'inintelligible aux rationalistes. Un mur les sépare. Aussi, l'affirmation de tous les croyants est impuissante à convaincre un rationaliste, autant que la négation de tous les rationalistes à ébranler un croyant; avec cette différence essentielle, toutefois, que les croyants affirment ce qu'ils savent, et que les rationalistes nient ce qu'ils ignorent. Mais ce qui donne, entre eux, une suprême autorité et un caractère *unique* peut-être de crédibilité à la parole de Maine de Biran, caractère et autorité que n'a pas celle de Pascal même, c'est qu'il est un rationaliste devenant chrétien ; qu'il prononce sur des faits qu'il éprouve la première fois, et qu'il saisit en quelque sorte au passage, dans leur double caractère psychologique et religieux, et avec la double autorité de sa forte raison et de sa vive expérience, en dehors de tout préjugé.

Considérons donc chacune des vérités qui sortent de son âme, et qui passent par son esprit, comme les oracles mêmes de la raison unie à la foi, dans les plus rares conditions de compétence. Et quelles vérités !

*Juin* 1820.—« Heureux qui a des yeux pour
« voir le royaume intérieur de la raison ou de
« la foi ! La chair et le sang n'en ont point ; la
« sagesse de l'homme animal est aveugle là-
« dessus et *veut l'être*, ce que Dieu fait inté-

« rieurement lui est un songe. POUR VOIR LES
« MERVEILLES DE CE MONDE INTÉRIEUR, IL
« FAUT RENAITRE ; POUR RENAITRE, IL FAUT
« MOURIR. »

9 *juin*. — « Si quelqu'un de vous est dans la
« tristesse, qu'il prie pour se consoler, dit saint
« Jacques. *Oh! que j'ai besoin de prier!*

« Journée de bien-être, de calme et de *raison*,
« effet de la prière. »

10 *juin*. — « Le plus grand bienfait de la reli-
« gion est de nous sauver du doute et de l'in-
« certitude, le plus grand tourment de l'esprit
« humain, le vrai poison de la vie. Tout est in-
« déterminé, fugitif et mobile dans un esprit
« dénué de croyances religieuses. Depuis qu'on
« veut tout savoir, tout connaître, depuis que
« chaque petit esprit tend à tout rabaisser à
« son niveau, à tout comprendre dans sa petite
« capacité, la sphère des croyances, ou du monde
« invisible s'est rétrécie de plus en plus. En
« traitant les personnes et les choses les plus
« élevées avec une familiarité insolente, on n'a
« plus rien respecté, rien admiré. Le culte des
« parents, celui de Dieu, celui de la patrie ont

« paru comme des chimères à des cœurs froids
« et dénaturés, à des esprits qui ont voulu se
« rendre compte de tout, et analyser l'objet des
« sentiments *avant de s'y livrer*. De là cette
« dégénération des âmes ; cet affaiblissement
« croissant de caractère ; car ON N'EST FORT QUE
« DE CE QUE L'ON CROIT, ET NON PAS DE CE
« QU'ON SAIT... Combien d'hommes de nos jours
« parlent sans croire, sans penser! » — « Les
« grands écrivains du siècle de Louis XIV n'ont
« été forts et grands que par les croyances ; elles
« ont disparu, et les hommes les plus spirituels
« n'ont plus été que des singes dont on admire
« les tours de passe-passe : ils ont de l'esprit,
« voilà tout... » — Quelle hauteur et quelle
portée de vue dans cette page, écrite il y a trente-
sept ans ; et comme elle tombe sur notre âge!

9 *septembre*. — « Il ne faut pas, dit Tertullien,
« que la vie des chrétiens soit une vie de tris-
« tesse. *Leur choix est fait* : ils ont sacrifié la
« chair à l'esprit, tous les biens sensibles et pas-
« sagers aux biens éternels ; ils peuvent donc se
« réjouir et trouver une source de vrais plaisirs
« dans ce qui plonge tous les hommes dans la

« tristesse. Cette tristesse ne proviendrait pour
« eux que des murmures de la chair qui n'est
« pas encore assez abattue. »

*Leur choix est fait!* admirable parole, que doivent se dire souvent les chrétiens, et à laquelle doivent tendre ceux qui veulent le devenir! Parole qui met un terme aux inquisitions stériles, à ces recherches de l'esprit qui, passée une certaine mesure, n'éclaircissent plus rien et obscurcissent même ce qu'elles ont éclairci. C'est à faire passer la vérité dans son cœur et dans sa vie qu'il faut dès lors s'attacher, comme on se nourrit du pain sans l'analyser. La *coutume* de la vérité doit suivre, si elle ne doit accompagner et *précéder* même la recherche de la vérité. L'intelligence de cette importante condition de la vie de l'âme est un des grands traits de sagesse et de bon sens qui éclatent dans le *Journal intime :*

17 *novembre*. — « Il est des vérités intellec-
« tuelles et morales qu'il ne suffit pas d'avoir
« acquises et de bien connaître. Cette connais-
« sance claire et distincte, qui suffit pour la spé-
« culation, est insuffisante pour la pratique ; il
« faut que les vérités s'incorporent à nous et

« nous pénètrent longtemps, comme la teinture
« s'imbibe peu à peu dans la laine qu'on veut
« teindre. Il y a une pénétration lente de cha-
« que jour, une *intus-susception* de la vérité,
« qui doit nous conduire dans toute la vie, qui
« fait que cette vérité devient à notre âme ce
« que la lumière du soleil est à nos yeux qu'elle
« éclaire sans qu'ils la cherchent... »

*24 janvier 1821.*— « Il faut, dit Fénelon, tâ-
« cher de raisonner peu et de *faire* beaucoup.
« Si l'on n'y prend garde, toute la vie se passe
« en raisonnements, il n'en reste pas pour la
« pratique : on ne fait que tournoyer sans
« avancer. »

Maine de Biran en était là. C'était son faible. Ce qui avait été sa force, cette pénétration et profondeur de raison qui du matérialisme lui avait frayé le chemin de la vérité jusqu'au Christianisme, lui devenait un obstacle pour l'embrasser. Mais ce qu'il y a d'admirable, c'est qu'il le reconnaissait et que, contre lui-même, il percevait les conditions les plus profondes de la possession de la vérité.

« L'habitude de s'occuper spécialement de

« ce qui se passe en soi-même, en mal comme
« en bien, serait-elle donc immorale? Je le
« crains d'après mon expérience. Il faut se don-
« ner un but, un point d'appui hors de soi et
« plus haut que soi pour pouvoir réagir avec
« succès sur ses propres modifications, tout en
« les observant et s'en rendant compte. Il ne
« faut pas croire que tout soit dit quand l'amour-
« propre est satisfait d'une observation fine ou
« d'une découverte profonde faite dans son in-
« térieur. » — On ne sait qu'admirer le plus, ou
de la pénétration de cet esprit, ou de la sincérité de cette âme.

Il comprend ce qu'a dit Pascal et ce qui est
une des principales bases de son apologétique,
que : « Dieu a voulu que les vérités divines en-
« trent du cœur dans l'esprit, et non pas de
« l'esprit dans le cœur, pour humilier cette su-
« perbe puissance du raisonnement. » Et que :
« Au lieu qu'en parlant des choses humaines,
« on dit qu'il faut les connaître pour les aimer;
« en parlant des choses divines, il faut dire au
« contraire qu'il faut les aimer pour les connaî-
« tre; » qu'en un mot, *on n'entre dans la vé-*

« *rité que par la charité.* » Et il ajoute, même, ce qui est encore plus profond et plus incompris : « CE SONT LES ŒUVRES QUI FONT NAITRE « L'AMOUR, ET L'AMOUR LES CROYANCES. Le « désintéressement des objets sensibles, l'abné-
« gation du corps conduit l'âme à chercher plus
« haut ce qui peut remplir et fixer sa capacité
« d'aimer. » Ce qu'il pressent par une expérience dont il déplore l'imperfection : « Je suis au com-
« mencement de cette disposition; je tiens sans
« affection, mais par besoin, par habitude au
« monde sensible, j'ai le malheur d'être en
« guerre avec moi-même et je me deviens in-
« supportable de plus en plus, *factus sum mihi-*
« *met ipsi gravis*[1]. »

Il revient souvent sur cette belle et rare vérité, vérité mère de toute entrée et de tout progrès dans la vie morale et religieuse. C'est Platon chrétien :

« ON PEUT COMMENCER PAR AIMER L'INCONNU,
« quand on sent que rien ici-bas ne peut satis-
« faire complétement les besoins de l'âme ; et
« c'est en se *détachant* de tout ce qui est sensi-

[1] Job.

« ble que la faculté aimante (*vis amatoria*) de
« l'âme se fixe sur Dieu qui est sa fin, son prin-
« cipe, sa vie tout entière. Ceci peut servir à
« comprendre une chose qui m'avait d'abord
« semblé paradoxale, et qui a été profondément
« débattue, dans une dernière soirée philosophi-
« que chez moi, entre MM. Plantat, Ampère,
« Baggesen, Stapfer et moi : savoir, que toute
« morale, comme toute religion, commence par
« l'amour (*caritas*); qu'il ne peut y avoir con-
« naissance du vrai, du bon, du beau, du juste,
« du devoir, sans amour de ce vrai, de ce bon,
« de ce devoir ; que ce sentiment d'amour est
« *le principe et la base même de la* NOTION
« *morale*, qui n'existerait pas sans lui, et ne
« peut en être séparé sans se dénaturer ou dis-
« paraître entièrement.

« Pour saisir ce qui tient en nous à cette vie
« supérieure plus haute que nous et que tout
« ce qui peut être atteint par l'entendement ou
« l'esprit qui est *nôtre*, il ne faut pas être borné
« à de *vaines spéculations*, mais PRATIQUER,
« AGIR pour le bien et la vertu. Ici *la première*
« *condition de la science*, ou du travail intellec-

« tuel profitable, c'est une conduite sage, ver-
« tueuse, bien ordonnée par rapport à Dieu,
« aux hommes et à nous-mêmes. »

Ainsi, dans l'ordre moral et religieux, la science de la vérité est subordonnée à son amour, et son amour est subordonné lui-même à sa pratique : telle est la vraie méthode philosophique, telle est la grande discipline de la vérité. La méthode inverse sourit par deux avantages ; elle paraît plus logique, et surtout elle est plus complaisante pour la volonté, qu'elle n'assujettit à aucune condition, et dont elle ajourne la soumission jusqu'à la découverte de la vérité par la seule recherche de l'esprit. Mais qui ne comprend que la recherche de la vérité étant un acte de la volonté motrice de l'intelligence, sera ce que sera cette volonté même, vaine ou sérieuse, selon que cette volonté sera indifférente ou affective à l'égard de la vérité? Que sera-ce donc si elle est intéressée contre la vérité, si elle lui est hostile? Et n'est-ce pas là l'état naturel de la volonté à l'égard de la vérité morale et religieuse, qui se présente à elle avec un joug hérissé de sacrifices et de devoirs? C'est pourquoi il est profondément logique et philosophique de soumettre avant tout la volonté à la discipline de la vérité religieuse, par *une conduite sage, vertueuse, bien ordonnée par rapport à Dieu, aux hommes et à nous-mêmes.* Telle est *la première condition de la science, ou du travail intellectuel profitable.* De cette pratique naîtra l'amour, et de l'amour la *science* de la vérité ; car *ce sont les œuvres qui font naître l'amour, et l'amour les croyances.* Que si on objecte que c'est un cercle vicieux ; qu'on ne saurait aimer, et encore moins opérer, ce qu'on ne connaît pas, je répondrai par cette profonde parole que toutes les belles âmes comprendront : ON PEUT COMMENCER PAR AIMER L'INCONNU, *quand on sent que rien ici-bas ne peut satisfaire complétement les besoins de l'âme.* J'ajouterai que cet inconnu n'est pas si inconnu qu'on le suppose à l'âme naturellement faite pour lui, naturellement religieuse, naturellement chrétienne, et dont le sens seulement s'est oblitéré. La preuve de ceci, c'est qu'avant toute recherche de la vérité religieuse, on a généralement pris parti à son égard ; on la hait quand on ne l'aime pas : que si on la connaît assez pour la haïr, on la connaît assez pour l'aimer, et ce n'est pas de la connaissance, mais de la volonté que dépend l'une ou l'autre de ces dispositions de l'âme. Et tout ceci est tellement vrai, qu'en définitive ce n'est pas à la *connaître* que sa saine recherche aboutit, mais à la *reconnaître*.

Maine de Biran revient souvent et insiste de plus en plus sur cette radicale vérité, en l'approfondissant par l'expérience :

« 25 *décembre.*— Dépend-il de l'âme de passer
« par sa force propre de l'état *inférieur* à l'état
« *supérieur?* Il est évident qu'elle ne le peut
« pas indépendamment de toute condition.....
« Dans le déploiement même le plus énergique
« de son activité, il est hors de son pouvoir de
« se soustraire tout à coup à l'empire des pas-
« sions quelconques lorsqu'elles ont planté leurs
« racines à la fois dans l'organisme intérieur
« et l'imagination, unis ensemble par une mu-
« tuelle sympathie. L'individu ne peut pas plus
« alors se modifier lui-même qu'il ne pourrait
« se guérir d'une maladie organique ou de la
« folie. Pour se tirer de l'abîme, il lui faut un

« point d'appui *hors de lui-même.* La religion
« vient à son secours, et *le sentiment religieux*
« *ne vient lui-même que par la pratique des*
« *actes qui sont seuls en notre pouvoir,* QUELS
« QUE SOIENT LES SENTIMENTS INTÉRIEURS.

« Deux conditions : 1° *désirer*, sentir ses be-
« soins, sa misère, sa dépendance, et faire effort
« pour s'élever plus haut; 2°*prier*, afin que vienne
« l'Esprit de sagesse qui n'arrive qu'autant que
« la voie lui est préparée, qui n'éclaire que le
« sens disposé à recevoir son impression : *Optavi*
« (*conatus sum*) *et datus est mihi sensus. Invo-*
« *cavi et venit in me spiritus sapientiæ*[1]. »

On ne peut, ce semble, pénétrer plus avant
dans le mystérieux rapport de la volonté avec la
vérité divine. Cependant, au delà de toutes ces
belles considérations, il en est une plus décisive
encore en faveur de ce *criterium* de la vérité :
c'est que la vérité à sa plus haute source étant
Dieu même, et Dieu étant un être vivant et actif, la vie même, l'activité essentielle, il doit se
faire que la lumière de sa connaissance soit une
communication de cette divine activité plus que

[1] La sagesse de Salomon, VII, 7.

le fruit de notre propre effort intellectuel : car cet effort ne peut saisir tout au plus que l'image vague, que la lumière réfléchie de la vérité, tandis que, par le désir et la prière, nous attirons à nous la réalité de la vérité, la Vérité même. La méthode de l'entendement pur et de la réflexion le cède donc à celle de l'amour et de la prière de toute la distance qu'il y a entre l'image et la réalité, entre la ressemblance et l'objet même.

C'est ce que Maine de Biran découvre à la belle lumière de cette pensée de Clément d'Alexandrie : — « *Il y a une différence essentielle entre* « *ce que chacun dit de la vérité, et ce que la Vé-* « *rité dit elle-même en s'interprétant. Autre* « *chose est une opinion, une idée de la vérité et* « *la Vérité même, comme autre chose est la res-* « *semblance d'un objet et cet objet même.* » — « Ce passage remarquable, ajoute-t-il, suppose « que nous avons en nous-mêmes quelque moyen « *direct* d'atteindre la vérité, ou que *la réalisa-* « *tion absolue de l'Être* peut se manifester *im-* « *médiatement* à notre âme, autrement que par « des idées qui, nous donnant une ressemblance

7

« supposée de l'être réel ou vrai, et non point
« cet être, ne sauraient porter avec elles le *cri-*
« *terium* de la vérité même, le rapport de la
« ressemblance à l'objet. Et comment, en effet,
« la comparaison pourrait-elle se faire si l'objet,
« l'être réel en soi, et indépendamment de l'i-
« dée, ne nous était pas donné d'ailleurs? C'est
« là l'objection éternellement insoluble contre la
« théorie qui ramène tout à des idées de sensa-
« tion et de réflexion. Le même auteur nous dit
« comment la vérité est connue autrement que
« par l'*expérience* et la *discipline*, savoir par la
« *puissance* (la force active) et la *foi*. Pascal
« entend de même les premières vérités : la foi
« nous sauve, mais *la foi vient par les œu-*
« *vres*[1]. »

La découverte de ces profondes vérités, si inconnues et si incomprises de ceux qui n'en ont

---

[1] L'auteur de l'*Imitation* a sur tout ceci deux beaux chapitres que les philosophes ne sauraient trop admirer et méditer : le chapitre III du livre I*er*, *De la connaissance de la vérité*, et le chapitre XLIII du livre III, *Contre la vaine science du siècle.* Platon fût tombé en extase aux accents d'une telle sagesse, et notre admiration pour elle serait sans bornes si elle était de Platon.

pas fait l'expérience, qu'on n'ose les confier à leur inintelligence, de peur de les exposer à leur dédain, fait d'autant plus d'honneur à la pénétration philosophique de Maine de Biran, que ces conditions de la vérité, qu'il reconnaît si bien, étaient encore chez lui bien languissantes, comme le témoigne une éloquente lamentation sur cet état, à la date du 18 août 1823, qui se termine ainsi :

« En m'éveillant je m'adresse d'abord, selon
« mes anciennes habitudes, à l'imagination, à
« la sensibilité; je leur demande s'il y a pour
« elles quelque sujet de se réjouir ou d'occuper
« agréablement le jour qui commence. Elles
« restent muettes et voilées de leur tristesse
« comme d'un nuage. Il faut donc s'adresser à
« l'esprit ; mais il a acquis une grande habitude
« de paresse, il attend toujours que la sensibi-
« lité ou l'imagination montées lui donnent l'im-
« pulsion. L'âme s'est laissée endormir aussi
« par des affections passagères, relatives au
« monde ; mais tant qu'elle n'est pas morte,
« tant que sa lumière luit encore par intervalle
« dans les ténèbres, j'ai l'espoir de me relever.

« C'est à ce foyer qu'il est possible de rallumer
« encore le flambeau d'une vie presque éteinte. »

Cependant les défaillances et les angoisses de cette âme sont comme le suprême travail de son enfantement à la vie supérieure ; elle éprouve de plus en plus ce qu'elle a dit : *Pour voir les merveilles de cette vie, il faut renaître; pour renaître, il faut mourir.* Elle meurt donc et elle naît à proportion, et rien n'est saisissant, dans le *Journal intime*, comme cet accord de ruine et de résurrection, de lamentation sur la nature qui s'écroule et de transport dans la vérité qui surgit. Maine de Biran se rend lui-même très-bien compte de la simultanéité et de la relation de ces deux états.

30 *novembre* 1823. — « L'âme qui se trouve
« unie et comme identifiée par l'amour avec
« l'esprit supérieur d'où elle émane, n'est plus
« sujette à l'influence de l'organisme ; elle ne
« s'occupe plus de quel côté souffle le vent de
« l'instabilité, mais demeure fixée à son centre,
« et tend invariablement vers sa fin unique,
« quelles que soient les variations organiques
« et les dispositions de la sensibilité. C'est

« même souvent quand le corps est abattu, que
« toutes ses fonctions languissent, que la ma-
« chine tombe en ruine et que l'animal a perdu
« toute vivacité, toute énergie vitale, que la lu-
« mière de l'esprit jette le plus d'éclat, et que l'âme
« vit le plus complétement de la vie de cet esprit,
« qu'elle en jouit avec le plus d'amour. L'esprit
« souffle où il veut ; quelquefois il se retire ; l'âme
« tombe dans la langueur et la sécheresse ; mais
« comme ce n'est pas l'organisme qui la soutient
« et fait ses états d'élévation, ce n'est pas lui
« non plus qui l'abandonne quand elle tombe
« en défaillance ; tout au contraire, elle défaille
« d'autant plus que l'organisme prévaut. » —
« Tout est inverse dans les deux vies : là où
« l'animal se réjouit et se sent plein de courage
« et d'activité, d'orgueil de la vie, l'esprit s'af-
« flige, s'humilie et se sent abattu. Récipro-
« quement, où l'homme animal s'inquiète, se
« trouble, s'attriste et ne trouve en lui que fai-
« blesse, sujet de découragement et de déses-
« poir, l'esprit s'élève et se livre à la plus douce
« joie. Cette hauteur avec laquelle l'âme qui vit
« en Dieu juge et méprise souverainement tout

« ce qui fait la gloire et les joies de la terre, s'al-
« lie admirablement avec cette humilité pro-
« fonde, tant recommandée par le Christia-
« nisme, et qui fait précisément le caractère
« distinctif de sa morale. »

Avec sa guérison morale, sa théorie philosophique, dont nous avons déjà vu de si beaux
aperçus, achève de se formuler et de se poser
dans la puissante et lumineuse simplicité de
l'évidence :

*Septembre* 1823. — « Il n'y a pas seulement
« deux principes opposés dans l'homme, il y en
« a trois, car il y a trois vies et trois ordres
« de facultés. Quand tout serait d'accord et en
« harmonie entre les facultés sensitives et ac-
« tives qui constituent l'homme, il y aurait
« encore une nature supérieure, une *troisième*
« *vie*, qui ne serait pas satisfaite, et ferait sentir
« qu'il y a un autre bonheur, une autre sagesse,
« une autre perfection, au delà du plus grand
« bonheur humain, de la plus haute sagesse
« ou perfection intellectuelle et morale dont
« l'être humain soit susceptible. »

*Octobre.* « J'ai fait un voyage à Bordeaux

« pour visiter mon ami Laîné et son curieux
« établissement des Landes. Pendant ce voyage
« et au retour je m'occupais de la distinction des
« phénomènes et des fonctions qui se rapportent
« aux trois vies que je crois qu'il faut reconnaî-
« tre dans l'homme. De cette analyse bien faite,
« de ces divers caractères bien tracés résulte-
« rait le traité le plus instructif et le plus com-
« plet d'*anthropologie* qui ait été fait jusqu'à
« présent. Chacune de ces parties de la science
« humaine ayant été traitée séparément et, par
« une erreur bien préjudiciable, comme si elle
« était seule ou représentait seule l'homme tout
« entier, il s'agit non plus d'isoler chacune de
« ces vies, mais d'étudier leurs rapports d'ana-
« logie et d'opposition ; il s'agit de faire ressor-
« tir leurs caractères et leurs fonctions par l'é-
« tude des faits d'expérience et des contrastes
« qu'offre sans cesse à l'observateur l'homme
« considéré dans ces divers états... »

On s'est rarement placé à un point de vue
aussi intégral de la science de l'homme. Cette
vue d'ensemble, qui n'exclut rien, qui donne à
chaque partie la force du tout par les rela-

tions qui l'y rattachent et les propriétés qui l'en distinguent, ne permet pas en quelque sorte de s'égarer, et assure la possession totale de la vérité.

Aussi avec quelle puissance d'induction et quelle hauteur métaphysique Maine de Biran ne juge-t-il pas la psychologie rationaliste, et ne concilie-t-il pas tous les principes dont l'homme est le merveilleux composé.

Vous voulez borner l'homme à ce principe intellectuel qui constitue son activité propre, son *moi* : mais c'est comme si vous vouliez borner sa vie sensitive à cette provision de substance qu'elle a dans le moment présent, et nier le besoin pour elle de s'alimenter au dehors. « Cette vie sensitive ou animale a son
« principe ou son aliment hors de l'être sen-
« tant, organisé, qui a besoin d'air, de chaleur,
« de nourriture pour se soutenir ou continuer
« à exister. Pourquoi en serait-il autrement de
« la vie intellectuelle, de celle de l'esprit? Cette
« vie a bien aussi, à la vérité, un principe
« intérieur d'activité, le même qui constitue le
« *moi* ou la personne, mais il tire d'ailleurs sa
« nourriture ; ce qui le fait continuer à exister,

« le dirige vers sa fin[1]. L'illusion de la philo-
« sophie est de regarder le principe de la vie
« spirituelle comme exclusivement propre au
« *moi*, et, parce qu'il s'affranchit jusqu'à un
« certain point de la dépendance des objets
« sensibles, de le considérer comme indépen-
« dant de cette autre influence supérieure d'où
« lui vient toute cette lumière qu'il ne fait
« pas.... »

Tout le rationalisme est là avec sa condamtion.....

« Ces braves gens que je vois, qui s'occu-
« pent de philosophie, veulent tout faire, tout
« voir avec leur esprit, et ils ne font rien, ne
« voient rien, ne saisissent rien que des fantô-
« mes. Je sens du moins pour ma part le vide
« et le néant de tout ce que je fais et comprends
« avec mon esprit. Il est vrai que mes facultés
« me servent plus mal qu'un autre. » (Admirable sentiment d'humilité qui marque en lui la maturité de la vie chrétienne, et dont il s'autorise

---

[1] En un mot, *l'homme ne vit pas seulement de pain, mais de toute parole qui sort de la bouche de Dieu.* Évang. selon saint Matth., ch. I, vers. 4.

heureusement pour se juger plus apte à recevoir la vérité.) « Si j'étais plus fort, je sentirais
« moins le besoin de l'appui d'en haut ; mais
« c'est *précisément* parce que je suis faible que
« je sens mieux l'influence d'un esprit qui n'est
« pas le mien, quand il m'arrive d'être éclairé. »

Ce n'est pas qu'il méconnaisse ce *principe intérieur d'activité* qui constitue le *moi ;* principe qu'il a tant revendiqué lui-même contre le sensualisme, au commencement de sa philosophie, et qu'il a toujours réservé depuis, alors même qu'il ne savait comment le concilier avec la doctrine de l'abnégation chrétienne et de l'action de Dieu dans l'âme. La lumière s'est faite aujourd'hui pour lui sur le problème de cette conciliation :

« J'étais autrefois bien embarrassé pour con-
« cevoir comment l'Esprit de vérité pouvait être
« en nous, sans être nous-même, ou sans s'iden-
« tifier avec notre propre esprit, notre *moi.* J'en-
« tends maintenant la communication intérieure
« d'un esprit supérieur à nous, qui nous parle,
« que nous entendons au dedans, qui vivifie et
» féconde notre esprit *sans se confondre avec*

» lui; car nous sentons que les bonnes pensées,
« les bons mouvements ne sortent pas de nous-
« mêmes. Cette communication intime de l'*Es-
« prit* avec notre esprit propre, quand nous
» savons l'appeler ou lui préparer une demeure
« au dedans, est *un véritable fait psychologique*
« *et non pas de foi seulement.* »

Affranchi de cette difficulté qui l'avait longtemps embarrassé, et parvenu comme au sommet de la vérité, dont il a si laborieusement
gravi la pente, il embrasse et parcourt maintenant d'un coup d'œil, avec la double supériorité
du philosophe et du chrétien, toute la chaîne
des rapports qui constituent l'homme complet
dans ses trois vies, savoir : la vie organique, la
vie intellectuelle, et la vie spirituelle ; en d'autres termes : l'homme animal, l'homme extérieur, et l'homme intérieur. Il fait ressortir,
surtout, l'ascendant de l'homme intérieur sur
l'homme extérieur, en le mesurant par celui de
l'homme extérieur lui-même sur l'animal. Ici
c'est vraiment le maître qui parle, parce que c'est
le disciple consommé de la vérité.

Après avoir savamment décrit l'homme comme

on le comprend généralement, dans sa double vie organique et intellectuelle, mais réduit à son propre *moi*, il dit :

« C'est bien là tout l'homme mondain ou
« terrestre, alors même qu'il exerce avec les
« plus grands succès tous les talents de l'es-
« prit, de l'imagination, qu'il parcourt la car-
« rière des arts et des sciences humaines, aux
« applaudissements de ce monde pour qui il
« travaille, et dont il veut à tout prix obtenir
« les suffrages. Mais la plus parfaite harmonie
« entre l'organisme animal et l'*automate intel-*
« *lectuel* ne constitue pas la vie de l'homme spi-
« rituel. Cette vie est supérieure, non-seule-
« ment à l'instinct de l'animalité, mais encore
« à l'instinct de l'humanité, de telle sorte qu'il
« y a aussi loin de l'homme spirituel ou inté-
« rieur à l'homme extérieur (qui suit le vent des
« passions et de l'instabilité) qu'il y a loin de
« l'homme le plus développé dans tout ce qui
« tient à sa vie terrestre ou mondaine à l'animal
« dénué de raison [1].

« Le rapport de subordination est le même

[1] On peut dire ainsi de l'homme intérieur ou du chré-

« entre la deuxième et la première de ces vies
« ou modes d'existence, qu'entre la troisième et
« la deuxième. L'homme extérieur n'entend pas
« plus les choses de l'*esprit* que l'animal n'en-
« tend les choses de l'homme[1].

« *Ce qui entend est supérieur à ce qui est en-*
« *tendu.* L'homme spirituel entend seul les cho-
« ses de l'homme terrestre. Celui-ci ne s'entend
« lui-même qu'imparfaitement, obscurément,
« et à ce degré seul qui, constituant la person-
« nalité directe et non réfléchie, suffit néan-
« moins pour le rendre capable de mérite et de
« démérite, et pour montrer la supériorité de la
« nature humaine sur l'animalité pure, à part
« tout développement de la vie de l'*esprit*.
« (Quel admirable discernement!) Le germe

tien par rapport à l'homme extérieur, fût-il Descartes, ce que La Fontaine dit de ce dernier :

Le CHRÉTIEN, ce mortel dont on eût fait un Dieu<br>
Chez les païens, et qui tient le milieu<br>
Entre l'homme et l'esprit ; comme entre l'huître et l'homme<br>
Le tient tel de nos gens, franche bête de somme.

[1] Animalis homo non percipit ea quæ sunt Spiritus Dei; stultitiæ enim sunt illi, et non potest intelligere, quia spiritualiter examinantur. — 1<sup>re</sup> Épître de saint Paul aux Corinthiens, chap. I, vers. 14.

« de cette vie de l'*esprit* existe toujours au
« fond de l'âme, où il a été déposé par l'au-
« teur de la nature, en attendant les occa-
« sions propres à le développer dans un mode
« d'existence prédestiné ou préordonné selon les
« vues de sa providence. C'est dans ce sens que
« l'homme intérieur se renouvelle en même
« temps que l'homme extérieur se détruit, comme
« le dit si bien le grand Apôtre..... Ce renou-
« vellement s'obtient surtout par une *méditation*
« soutenue, laquelle n'est elle-même que l'exer-
« cice de l'activité intellectuelle dans toute son
« énergie, et enfin par la *prière* fervente, où
« l'âme humaine s'élève jusqu'à la source de la
« vie, s'y voit de la manière la plus intime, et
« s'y trouve comme identifiée par l'amour. »
— « *Agir, méditer, prier sans cesse*, voilà les
« seuls moyens de renouvellement de l'homme
« intérieur ; tout le reste est du dehors ou de la
« chair qui meurt à chaque instant. »

Ce n'est pas qu'il ne faille pas tenir compte de l'homme extérieur, et même de l'homme animal ; non : il ne faut rien méconnaître, il faut tout *assembler ;* mais selon cette subordination qui assujettit l'homme animal à l'homme extérieur, et celui-ci à l'homme intérieur ou spirituel.

« Les rapports qui existent entre les éléments
« et les produits de ces trois vies de l'homme,
« sont le sujet de méditation le plus beau, mais
« aussi le plus difficile. Le stoïcisme nous mon-
« tre tout ce qu'il peut y avoir de plus élevé
« dans la vie active, mais il fait abstraction de
« la vie animale, et méconnaît absolument tout
« ce qui tient à la vie de l'*esprit*; sa morale pra-
« tique est au-dessus des forces de l'humanité.
« Le Christianisme seul embrasse tout l'homme ;
« il ne dissimule aucun des côtés de sa nature,
« et tire parti de sa misère et de sa faiblesse
« pour le conduire à sa fin, en lui montrant
« tout le besoin qu'il a d'un secours plus
« élevé. »

Les facultés intellectuelles, notamment, s'avivent dans les exercices qui développent l'homme intérieur, parce qu'elles s'y dégagent de l'obscurcissement ou des illusions des sens ; aussi peut-on dire que le sentiment religieux et les facultés intellectuelles, considérées dans un même sujet,

sont solidaires : « La même disposition qui fait
« que l'âme s'élève vers Dieu comme d'elle-
« même, et s'abandonne au sentiment religieux
« qui la remplit, fait aussi que l'esprit s'ouvre
« à la lumière des plus hautes vérités intellec-
« tuelles, les saisit avec plus de pénétration et
« y adhère avec plus d'intimité. Au contraire,
« lorsque l'esprit s'affaisse et retombe dans les
« ténèbres de la chair, lorsque les facultés intel-
« lectuelles languissent par des causes quelcon-
« ques, morales ou physiques, le sentiment
« religieux s'obscurcit, s'éloigne en même temps ;
« il semble que l'esprit divin abandonne l'homme
« en même temps que son propre esprit l'aban-
« donne, ce qui pourrait faire croire que ces
« deux esprits ne sont qu'*un*, si l'on ne voyait
« des hommes du plus grand esprit, selon le
« monde, dénués de tout sentiment religieux. »

Cette observation serait mal comprise si on en
tirait cette conséquence, que le sentiment religieux et les facultés intellectuelles sont en raison
réciproque, d'un homme à un autre homme ;
car il en résulterait ou que les hommes religieux
seraient toujours les plus intelligents, ou que les

hommes les plus intelligents seraient toujours les plus religieux, ce qui est également faux. Mais ce qui est incontestable, c'est que *le même homme* est mieux intelligent quand il est plus religieux, et plus religieux quand il est mieux intelligent. « Les mêmes opérations de l'âme
« qui conduisent à ce qu'il y a de vrai, de réel,
« de permanent dans les choses, en nous déta-
« chant des sens qui ne saisissent que des fan-
« tômes, nous font trouver à la fin Dieu, seule
« vérité, dernière raison des choses, par les
« mêmes moyens *antisensuels*... Il y a un ac-
« cord parfait à cet égard entre la psychologie
« et la religion. »

Enfin, « l'homme intérieur est spirituel, de
« même que l'homme extérieur est nécessaire-
« ment charnel. Si l'homme intérieur est obligé
« par devoir de s'occuper du monde et des af-
« faires, il ne s'y abandonne jamais en entier, il a
« toujours, même dans le plus grand mouvement
« extérieur, UN ŒIL TOURNÉ VERS LE DEDANS ;
« il est en présence de Dieu et de lui-même, il ne
« perd jamais entièrement de vue ces deux pôles
« de son existence ; et lorsque le mouvement du

« dehors a cessé, il rentre de lui-même en pos-
« session pleine et entière de sa vie propre.
« Comment faire pour ne jamais être entraîné
« tout à fait par les choses dont on est obligé
« de s'occuper, en sorte que l'homme intérieur
« reste, quoique l'homme extérieur soit en ac-
« tion? C'est ce juste tempérament qui semble
« demander une grâce particulière. »

La philosophie ne peut monter plus haut. Maine de Biran avait fini sa tâche ; l'heure était venue pour lui d'en toucher le prix. C'est le 27 mars 1824 qu'il traçait ces belles réflexions, dignes du livre de l'*Imitation*. Il sentait dès lors les premières atteintes de la maladie qui devait terminer ses jours quatre mois après. Il avait épuisé la science de l'homme; mais il s'était épuisé lui-même à l'étude de cette science, car il en était le sujet, ou plutôt le martyr : l'homme extérieur s'y était sacrifié ; l'homme intérieur devait en sortir : le chrétien devait en cueillir la palme. On les voit, pour ainsi dire, achever de se dégager des dernières entraves de la mortalité, dans ces extrêmes soupirs de la nature, dans ces suprêmes appels à la grâce :

27 *mars.* — « Mon Dieu, délivrez-moi du mal !
« C'est-à-dire de cet état du corps qui offusque
« et absorbe toutes les facultés de mon âme, ou
« donnez à mon âme cette force qu'elle n'a pas
« en elle-même pour s'élever vers vous et trouver
« son repos, quel que soit l'état de son corps et
« de quelque côté que souffle le vent de l'insta-
« bilité. Donnez, Seigneur, et je vous rendrai ;
« soutenez-moi contre toute ma faiblesse ; sans
« vous je ne puis rien. »

10 *avril.* — « Le monde nous crucifie à mesure
« que nous avançons en âge. *Il faut en finir* et
« nous regarder d'avance comme crucifiés, ou
« morts pour le monde. »

25 *avril.* — « *Et factus sum mihimet ipsi gra-*
« *vis*[1]. Tout est résistance, embarras, diffi-
« culté de vivre au dedans comme au dehors,
« dans ma position actuelle. Le principe de
« la vie s'affecte de son impuissance à sur-
« monter les obstacles internes qui s'opposent à
« son déploiement, ou à ses tendances expan-
« sives ; elle se retire en elle-même. Toutes les
« facultés de l'âme pensante languissent et s'af-

[1] Job, chap. VIII, vers. 20.

« faissent, faute de ce point d'appui vital que
« demande leur exercice. C'est dans cet état
« qu'on appelle la force d'en haut; on sent
« qu'elle ne peut venir ni de soi-même, ni d'au-
« cune chose du dehors. *Miserere mei, Domine,*
« *quoniam infirmus sum* [1]. »

*17 mai.* — « Dans l'état de santé, de faiblesse,
« de trouble physique et moral où je suis, je
« m'écrie sur ma croix : *Miserere mei, Domine,*
« *quoniam infirmus sum... Lumbi mei impleti*
« *sunt illusionibus, et non est sanitas in carne*
« *mea.*

« Il faut toujours être deux, et l'on peut dire
« de l'homme, même individuel, *væ soli!* (belle
« et sage réflexion et digne d'être la dernière.) Si
« l'homme est entraîné par des affections déré-
« glées qui l'absorbent, il ne juge ni les objets
« ni lui-même; qu'il s'y abandonne, il est mal-
« heureux et dégradé; *væ soli!* Si l'homme,
« même le plus fort de raison, de sagesse hu-
« maine, ne se sent pas soutenu par une force,
« une raison plus haute que lui, il est malheu-
« reux, et quoiqu'il en impose au dehors, il ne

[1] Psaume vi, 3.

« s'en imposera pas à lui-même. La sagesse, la
« vraie force consiste à marcher en présence de
« Dieu, à se sentir soutenu par lui ; autrement
« *væ soli!*

« Le stoïcien est seul, ou avec sa conscience
« de force propre qui le trompe ; le chrétien ne
« marche qu'en présence de Dieu et avec Dieu,
« par le *Médiateur*, qu'il a pris pour guide et
« compagnon de sa vie présente et future...

Plus rien après cela : ce sont là les dernières lignes du *Journal intime,* les *Novissima verba* du philosophe chrétien. Comme elles nous le font entendre, il n'était plus *seul* : il était avec la souffrance, il était avec la mort : mais il était surtout avec le *Médiateur*, consolateur de l'une et vainqueur de l'autre. Il ne se parlait plus à lui-même ; il parlait à son Sauveur. Appuyé, enfin, sur ce guide et compagnon de sa destinée présente et future, on le voit traverser les dernières ombres de cette vie, et franchir le seuil lumineux de l'éternité.

# CHAPITRE QUATRIÈME

### RÉFLEXIONS

Tel est le *Journal intime*.

Il importe maintenant de recueillir la leçon philosophique et pratique de cette précieuse révélation.

Cette leçon est double : 1° ce que Maine de Biran nous enseigne par ce qu'il a fait ; 2° ce qu'il nous enseigne encore par ce qu'il a omis de faire.

Le premier de ces enseignements intéresse la foi chrétienne : nous en ferons l'épreuve sur une critique de M. Cousin.

Le second intéresse la foi catholique : nous le ferons ressortir à l'aide d'une appréciation de M. Ernest Naville.

## § I<sup>er</sup>.

CE QUE M. DE BIRAN NOUS ENSEIGNE PAR CE QU'IL A FAIT :
UNE CRITIQUE DE M. COUSIN.

Quand on considère, dans son ensemble, l'histoire de la philosophie, on se convainc que cette belle science ne s'est soutenue et élevée qu'en gravitant vers la Religion, et que quand elle s'en est séparée, elle n'a pu que s'avilir et que se perdre.

Ainsi, dans l'antiquité, les plus hautes conceptions auxquelles elle soit montée, dans Platon, ont mérité d'être appelées *la Préface humaine de l'Évangile*. Les plus savantes méthodes qu'elle ait produites, les axiomes et les formules d'Aristote, semblent n'avoir si bien dressé les forces et le mécanisme de la raison, que pour servir à déployer et à justifier, dans l'École, les richesses de notre foi. Et enfin, le plus grand organe du stoïcisme, qui a fleuri au dernier âge, Sénèque, a tellement incliné au Christianisme, qu'on a pu croire à une correspondance entre lui et saint Paul, et que les premiers chrétiens l'ont appelé *Notre Sénèque*.

Telles ont été les plus glorieuses destinées et les plus nobles tendances de la philosophie dans l'antiquité.

Pour ce qui est des temps modernes, on sait qu'elle n'a jamais relui de plus d'éclat que sous la plume des grands Docteurs et des Pères de l'Église, jaillissant de ces larges intelligences comme la réverbération de la science de Dieu; et que si plus tard elle s'est produite d'une manière plus distincte de la théologie, ce n'a été que pour y rentrer d'une manière plus victorieuse par ses conclusions, comme on le voit dans tous les grands métaphysiciens du dix-septième siècle : Leibnitz, Pascal, Descartes et Mallebranche.

On sait ce qu'elle est devenue quand, de *distincte*, elle a voulu se faire *séparée* de la foi. Ce qu'on a appelé la philosophie du dix-huitième siècle, dépouillé des larcins faits au Christianisme et réduit à ce qu'il est par lui-même, — le matérialisme, moins l'instinct, — est jugé aujourd'hui par ceux même qui en ont continué les hostilités. Nous leur laissons le soin de qualifier ce mémorable avilissement de l'esprit humain, en se glorifiant d'une renaissance qui en est la réprobation.

Et cette philosophie renaissante, elle-même, a-t-elle justifié cette prétention de séparation de la foi qu'elle a voulu faire passer, de nos jours, sous tant de politiques déférences?

Deux vrais philosophes, les seuls, de ce caractère, qu'elle ait produits ; en ce sens que ce sont les seuls qui se soient pris eux-mêmes au sérieux, comme sujet d'épreuve de leur doctrine, répondent à cette question par la plus émouvante expérience. Cette expérience *in anima nobili* a cela de particulier, qu'elle se reproduit en sens inverse dans chacun de ses deux sujets, et que, par cette contre-preuve, elle acquiert une force irrésistible de conclusion. Elle a aussi ce caractère mystérieux et solennel, qu'après s'être prolongée, en croissant, des deux parts, pendant toute une vie, des deux parts aussi elle nous revient à travers la tombe et sous le sceau de la mort, comme un arrêt de l'immuable et éternelle vérité.

Ces deux philosophes, en qui s'est faite cette

double expérience, sont Jouffroy et Maine de Biran.

On connaissait déjà la destinée de Jouffroy, par ce testament philosophique qui a fait dans le monde des âmes une si profonde impression. On sait qu'arrachée par la philosophie rationaliste à cette foi, à cette doctrine céleste QUI RÉSOUT TOUTES LES GRANDES QUESTIONS QUI PEUVENT INTÉRESSER L'HOMME [1], sa noble intelligence, ÉLARGIE PAR LES ENSEIGNEMENTS DU CHRISTIANISME [2], avait prêté à sa rivale LE GRAND OBJET, LES VASTES CADRES, LA SUBLIME PORTÉE D'UNE RELIGION. On se rappelle sa cruelle déception, lorsqu'il se trouva dans cette philosophie COMME DANS UN TROU OÙ L'ON MANQUAIT D'AIR, ET OÙ SON AME RÉCEMMENT EXILÉE DU CHRISTIANISME ÉTOUFFAIT. On n'a pas oublié, enfin, comment n'ayant plus de foi, n'ayant pas de philosophie, il poursuivit à travers le désenchantement de sa vie, avec les rares ressources de son esprit, l'impossible entreprise de se faire à lui-même une doctrine qui COMBLAT L'OBSCURITÉ ET LE VIDE

---

[1] Jouffroy. *Mélanges posthumes.*
[2] *Ibid.*

affreux de son ame, et que le terme de ce labeur, ou plutôt de ce supplice, fut de reconnaître et de proclamer, en mourant *sceptique et désolé*, la radicale impuissance d'une philosophie qui s'ignore elle-même, puisqu'elle ignore son objet véritable [1].

Une telle leçon ne saurait être oubliée ou dissimulée ; une telle sentence ne saurait être éludée par les vaines évolutions de cette philosophie qui l'a encourue, et qui la portera devant la postérité.

Mais une autre expérience non moins mémorable, non moins frappante, et formant avec celle de Jouffroy un irrésistible concert, sort aujourd'hui du *Journal intime* de Maine de Biran.

Maine de Biran est parti du point où est arrivé Jouffroy, et par une disposition inverse il est arrivé au point d'où celui-ci était parti. Il est parti du vide et de l'obscurité qu'avait fait en lui la philosophie séparée de l'instabilité désolante où elle laissait son âme en proie ; et pressé d'un prodigieux besoin de fixité, affamé de

[1] *Ibid.*

vérité, aspirant la vie, il s'est dirigé avec une merveilleuse droiture de volonté, vers une lumière, vers une force supérieures à celle de son puissant esprit. Il a reconnu et recueilli bientôt cette même vérité que Jouffroy n'a vue qu'infructueusement à la fin, — QUE LA RELIGION RÉSOUT SEULE LES PROBLÈMES QUE LA PHILOSOPHIE POSE, — QUE LA RAISON SEULE EST IMPUISSANTE POUR FOURNIR DES MOTIFS A LA VOLONTÉ OU DES PRINCIPES D'ACTION, ET QU'IL FAUT QUE CES PRINCIPES VIENNENT DE PLUS HAUT[1]; et par une série de progrès simultanés dans la science et dans la foi, il est arrivé à constituer au sein de celle-ci une philosophie transcendante, toute rayonnante de vérités sublimes, et de consolantes espérances dans lesquelles il s'est endormi.

Ces deux grandes expériences concordent et se répondent tellement, qu'on peut dire que Jouffroy est Maine de Biran perdant la science et le repos en s'éloignant de la foi, et que Maine de Biran est Jouffroy les retrouvant par une marche inverse. Sous ces deux noms et dans ces

[1] *Journal intime.*

deux âmes d'élite, s'il en fut jamais, c'est l'âme humaine, c'est l'esprit humain faisant, pour l'instruction de notre âge, et la condamnation d'une philosophie qui l'a séduit, la double épreuve de cette vérité que nous avons posée en tête de ces premières réflexions : Que la philosophie séparée de la Religion s'achemine à travers des ruines vers le néant, et que ce n'est qu'en s'y rattachant qu'elle peut retrouver ses conditions de vie.

De cette vue d'ensemble, descendons maintenant à une appréciation plus approfondie du *Journal intime*, et de l'enseignement qui en ressort.

« Que ne puis-je consacrer mes facultés, les
« années qui me restent à un seul objet philo-
« sophique propre à servir de monument ho-
« norable de mon passage sur cette terre ! » Ce noble vœu de Maine de Biran a été exaucé sans qu'il le sût, et mieux qu'il ne l'ambitionnait; car ce monument est ce *Journal intime* même où il déposait ce vœu qu'il croyait stérile. Il pensait, en l'exprimant, à ces *Essais* de psychologie et d'anthropologie qu'il a laissés inachevés.

8.

Mais y eût-il mis la dernière main, nous doutons que c'eût été là un monument qui eût honoré sa mémoire autant que ce simple *Journal* qui n'en offre que des ébauches. Ces ébauches, en effet, suffisent pour comprendre sa téhorie des *Trois vies:* théorie si simple et si vraie qu'elle n'a besoin que d'être indiquée à l'âme pour que celle-ci s'y reconnaisse. Il aurait pu la coordonner et la développer sous une forme scientifique; mais, au fond, il n'y aurait ajouté aucune vue, et il lui aurait enlevé ce je ne sais quoi de vivant et de naïf qu'a une pensée qui tient encore à l'esprit d'où elle sort ; surtout il l'aurait dépouillée de toutes ces révélations du travail intérieur de son âme qui en font le charme dramatique, et la justification la plus saisissante. C'eût été un herbier au lieu d'un champ, un livre au lieu d'une âme ; c'est-à-dire ce qu'il y a de plus commun au lieu du plus rare spectacle qu'il nous soit donné de contempler [1]. L'âme est ce qu'il y a de plus inconnu à

---

[1] Nous n'appelons pas moins de tous nos vœux, dans l'intérêt de la science, la publication des *Nouveaux Essais d'anthropologie,* ou des fragments de ces *Essais,* laissés par M. de Biran.

l'âme. C'est comme l'œil qui ne se voit pas lui-même ; si ce n'est, comme dit admirablement Platon, dans un autre œil. Mais cet autre œil ou cette autre âme se laisse rarement pénétrer. Elle ne se montre jamais telle qu'elle est, surtout quand elle se sait observée : il faut la surprendre à force de génie, comme l'ont fait Molière et Pascal, ou avoir d'elle une de ces rares confessions que l'amour ou le cynisme de la vérité en obtiennent, comme celles de saint Augustin ou de Montaigne. Alors rien n'égale l'intérêt passionné avec lequel nous plongeons la vue dans cette âme qui nous est ouverte. Pourquoi cela? est-ce parce que c'est telle âme individuelle? Nullement; mais parce que, dans cette âme individuelle, nous voyons, par réflexion, l'âme humaine, notre propre âme, et nous la reconnaissons. Cette vue, souvent humiliante, nous charme toujours et nous émeut, parce que, sur des millions de chances d'erreur et d'ignorance de nous-mêmes, elle nous offre la seule bonne fortune de vérité.

C'est cette bonne fortune que nous offre au plus haut degré le *Journal intime* de Maine de

Biran. Nous avons une *Confession* de plus, « un « homme de plus et de ceux qui sont le plus « dignes de mémoire est bien connu [1], » et cela dans des conditions uniques, peut-être, de véracité transparente et profonde. Maine de Biran n'a pas voulu faire école, il n'a pas voulu faire un livre, il n'a pas même voulu satisfaire un goût personnel de spéculation métaphysique, et, comme on dit, *faire de la philosophie* : il a voulu *faire sa vie*, apaiser un besoin moral ; il a exclusivement obéi à ce qu'il y a de plus noble et de plus sérieux : la souffrance d'une âme en peine du vrai et du bien pour eux-mêmes, et pour le repos de cette âme qui en a la haute ambition, les cherchant sans relâche, à travers mille obscurités et mille défaillances, sans se laisser jamais distraire ni retarder par les illusions et les vanités de la vie, et se donnant par là elle-même en gage de la vérité de ses solutions.

Il faut le dire, à ne juger encore que par le *caractère*, aucune de nos philosophies contemporaines n'a le sérieux et le désintéressement de celle-là ; aucune ne peut lui être comparée, étant toutes

[1] M. Sainte-Beuve.

plus ou moins pour le public, pour le succès, pour la liberté de penser ; c'est-à-dire pour elles-mêmes et pour la vanité, plutôt que pour la vérité. Ce qui distingue surtout la philosophie du *Journal intime*, c'est qu'elle est la philosophie de la nature humaine prise sur le fait de ses besoins, de ses instincts et de ses lois ; c'est qu'elle n'est pas artificielle, mais vivante, et vivante de la vie de tous; et que, semblable en cela à la philosophie du livre universel de l'*Imitation*, elle a pour elle le témoignage le plus indiscutable, parce qu'il a son écho dans chacun de nous, le témoignage de l'*âme*, de cette âme dont la Religion s'occupe tant et la philosophie si peu, et qui est cependant le grand enjeu de leurs mystères ou de leurs problèmes.

Or cette âme, qui se laisse si bien voir dans le *Journal intime*, nous offre une preuve de la vérité du Christianisme toute nouvelle, qui non-seulement vient s'ajouter à la masse si puissante des preuves que nous avions déjà, mais qui constitue à elle seule une preuve unique, en son genre, ou plutôt une contre-preuve.

Jusqu'à ce jour, en effet, le Christianisme

avait prouvé sa divinité par l'exposition *à priori* de la beauté de sa doctrine et de la force de ses témoignages ; il l'avait prouvée encore par l'expérience de ses divins effets dans les âmes chrétiennes ; il l'avait prouvée enfin par son ascendant subit sur des âmes étrangères ou même hostiles à ses croyances, et qui les embrassaient par *conversion*. Mais toutes ces preuves, si on le remarque, venaient du dehors au dedans : elles présentaient à l'âme un christianisme tout fait, et l'âme en reconnaissait la vérité par son rapport profond avec toutes ses facultés et toutes ses tendances. Mais ici, voici une âme plongée dans la plus complète ignorance du Christianisme, qui n'a que ses facultés et ses besoins, et qui, sans aucune idée préconçue, va à la recherche de la vérité souveraine et du bien parfait pour lesquels elle se sent faite, mais qu'elle ignore. Elle ne prend pour guide que ses instincts, ses tendances, ses aspirations ; et, après trente ans de marche, elle arrive justement au Christianisme. Et elle y arrive pas à pas ; chaque solution partielle de son problème, chaque satisfaction secondaire de ses besoins la rapproche de l'Evangile ; et ses conclusions dernières aboutissent aux mêmes expressions : elles viennent toutes rentrer dans les grandes et mystérieuses formules de notre foi : le penseur finit par où les petits enfants commencent.

Je dis que c'est là une preuve unique du Christianisme. Toutes les autres preuves, comme nous disions, allaient du dehors au dedans ; celle-ci va du dedans au dehors : toutes les autres preuves établissaient que le Christianisme est la vérité ; celle-ci démontre que la vérité est le Christianisme.

Il est extrêmement curieux et instructif de rapprocher, à ce point de vue, le *Journal intime*, de nos livres chrétiens, de l'*Imitation de Jésus-Christ*, des lettres spirituelles de Fénelon, ou des textes sacrés, et de voir la consonnance du témoignage de l'âme avec eux. Le *Journal intime*, dans ses dernières pages, fait lui-même de ces rapprochements, mais avec cette particularité, qui distingue ses citations de toutes celles qu'on avait faites jusqu'à ce jour, que les paroles saintes qui en sont l'objet ne sont pas le texte des pensées du philosophe, mais leur conclusion et en quelque sorte leur appoint, n'ayant d'autre titre à son choix que d'être la plus parfaite, la seule juste expression de la vérité.

C'est là un enseignement décisif dont on ne saurait trop admirer et recueillir la leçon. J'ose dire qu'il tient du prodige, et qu'il était réservé, comme tel, à nos temps épuisés, pour les convaincre par un témoignage inouï. Comment en effet ces vérités qui avaient été jetées en énigme par la foi à la raison, par la folie de Dieu à la sagesse humaine; si profondes que le sens humain s'y perdait, et que la seule simplicité de cœur en avait le privilége; ces vérités dont leur divin Auteur disait : « Je vous rends gloire, « mon Père, Seigneur du ciel et de la terre, de « ce que vous avez caché ces choses aux sages « et aux prudents et que vous les avez révélées « aux petits [1], » ont-elles été dérobées par un sage et par un penseur...? Que Pascal, que Bossuet les aient pénétrées, approfondies, les aient prises sur les ailes de leur génie : on le comprend; car ce génie avait commencé par

---

[1] Luc, x, 21.

s'anéantir devant le divin enseignement de ces vérités, pour les recevoir à la source commune, qui jaillissait alors dans toute la largeur et toute la simplicité d'un siècle de foi. Mais qu'un simple idéologue, né dans la nuit d'un siècle qui avait éteint dans la boue jusqu'à la première notion d'un principe spirituel en nous, se soit élevé de la restauration de ce principe jusqu'à l'intelligence de la condition de l'âme dans ses plus mystérieux rapports avec les biens présents et éternels, jusqu'au sentiment de l'infériorité de cette vie intellectuelle qu'il avait relevée du sensualisme, et à la découverte de cette troisième vie spirituelle toute tournée vers Dieu et que Dieu seul éclaire ; qu'il ait atteint jusqu'à connaître que *la raison seule est impuissante pour fournir des motifs à la volonté ou des principes d'action, et qu'il faut que ces principes viennent de plus haut ;* — *qu'il faut user de tout avec la retenue d'un cœur qui se réserve pour un plus digne objet, et se défier de ces amusements qui nous font passer sans nous en apercevoir du temps à l'éternité ;* — *que l'âme ne trouve en elle qu'imperfection, misère, vice, légèreté, et que par conséquent le sentiment qu'elle a du parfait, du grand, du beau et de l'éternel ne peut naître de son propre fonds;* — que, *pour voir les merveilles de la vie intérieure, il faut renaître, et que, pour renaître, il faut mourir;* — que *la présence de Dieu opère la sortie de nous-même, et que c'est ce qu'il nous faut;* — que *l'amour est le principe et la base de la science morale* et que *les œuvres en sont la condition;* — enfin, pour nous borner, que *la vérité est un être qui peut se manifester immédiatement à notre âme autrement que par les idées,* c'est-à-dire *par la puissance et la foi,* et que *c'est là le* CRITÉRIUM *de la vérité même* : qu'un idéologue, dis-je, ait atteint à la hauteur de telles vérités, voilà ce que j'appelle un prodige intellectuel et moral qui prouve radicalement l'accord profond de la raison et de la foi, et le caractère absolu de ces vérités dans lesquelles elles se rencontrent.

Ce prodige, du reste, n'est tel que par sa rareté ; car il s'explique en soi par l'extrême force et profondeur de raison de Maine de Biran jointe à la volonté la plus pure, la plus droite, la plus admirablement sincère. C'est surtout à sa volonté qu'il faut faire honneur des découvertes de sa raison. Il a trouvé le vrai à force de l'avoir voulu, et cette manière de le trouver en est la plus belle justification.

Elle tient au *caractère moral* de Maine de Biran. C'est ce caractère moral qui a fait sa philosophie, qui en a été comme la méthode; c'est lui qui en a déterminé le point de départ et qui en a inspiré le premier mot. Ce premier mot, c'est LA VOLONTÉ, principe constitutif de la personnalité humaine, au lieu de l'entendement, posé comme tel par Descartes.

Comme nous l'avons avancé dans la partie historique de cette étude, ces deux principes produisent l'un et l'autre le spiritualisme, mais pour le diviser aussitôt en deux spiritualismes qui vont de plus en plus en s'éloignant jusqu'à la plus complète opposition : de la philosophie de l'entendement sort le spiritualisme rationaliste ; de la philosophie de la volonté sort le spiritualisme chrétien.

Nous avons sous les yeux l'un et l'autre, et nous en recueillons les fruits contraires : il importe donc au plus haut degré de les juger.

Nous y sommes d'ailleurs provoqués par le plus éminent représentant de la philosophie séparée. M. Cousin a jeté le gant à la philosophie du *Journal intime.* Il y a longtemps, et bien à l'avance, il est vrai ; mais, outre que l'apparition du *Journal intime* fait revivre cette critique anticipée de M. Cousin ; outre que, par les *rééditions* continues de ses erreurs, ce philosophe s'enlève à lui-même le bénéfice de l'oubli, c'est toujours une trop bonne fortune pour la vérité qu'une objection illustre, pour que nous ne tirions pas avantage de celle-ci.

M. Cousin dresse contre la philosophie de son ancien Maître trois chefs d'accusation : 1° Elle est *étroite*, dit-il, en se limitant à la volonté, en méconnaissant la grande faculté de l'entendement, ou du moins en ne lui faisant pas la part qui lui revient, et qui, selon M. Cousin, est plus fondamentale que celle de la volonté même ; — 2° en réduisant l'homme à son *moi*, qui est fini, elle intercepte sa communication avec l'Infini, dont la raison seule conçoit et révèle l'existence ; — 3° enfin, et c'est là sa suprême condamnation, elle devait aboutir au *mysticisme*, en amenant forcément l'intervention d'un agent révélateur et divin, à la place de la raison méconnue [1].

C'est ce qu'il faut examiner : le sujet est des plus importants. Nous n'hésitons pas même à dire, et on ne va pas tarder à le voir, que toutes les questions si multiples qui se sont agitées entre la Philosophie et la Religion peuvent y être ramenées à une seule, et tranchées comme dans leur racine.

Convenons d'abord avec l'illustre critique, et posons, entre nous, comme loi de la discussion applicable à tous deux : qu'une philosophie qui dépouillerait l'âme de la faculté de connaître, serait aussi fausse que celle qui la dépouillerait de la faculté de vouloir ; et que celle qui la dépouillerait à la fois, et de la faculté de connaître, et de la faculté de vouloir, serait extravagante et monstrueuse.

Cela reconnu, nous disons seulement, avec

[1] Préface des œuvres posthumes de M. de Biran, p. xxxii, xxxiii et xxxix.

Maine de Biran, que la philosophie qui, dans le *concours* de l'entendement et de la volonté, donne le premier rôle à la volonté, est plus *vraie*, plus *morale*, plus *féconde* que la philosophie qui fait prévaloir l'entendement; et qu'elle est non-seulement quitte, mais victorieuse des trois reproches que lui adresse M. Cousin.

Elle est, disons-nous d'abord, plus *vraie*. L'entendement, en effet, présuppose un sujet qui *entend;* il présuppose la personne, le *moi*. Or, qu'est-ce que le *je*, que le *moi?* C'est M. Cousin lui-même qui va répondre : « La volonté seule, » a-t-il dit dans la préface de ses *Fragments philosophiques*, « est la personne ou le moi. » Je ne pense que parce que je suis moi; et je ne suis moi qu'en tant que je suis force libre, cause, *volonté*. L'âme est une volonté pensante; elle est un réservoir de puissances dont la volonté est la force motrice et dirigeante, le *fiat*. Sans doute la volonté s'éclaire de l'intelligence; mais elle s'en éclaire comme d'une lumière qu'elle-même allume, porte et meut.

Plus vraie, la philosophie de la volonté est aussi plus *morale*, ce qui est un autre caractère supérieur de vérité. La raison en est sensible, et c'est à M. Cousin lui-même encore que nous l'empruntons : « Nos actions *voulues*, a-t-il dit « très-bien, sont les seules que nous nous impu- « tions, et que nous rapportions à notre per- « sonne. » Les notions de volonté et de responsabilité sont inséparables et comme identiques. L'involontaire est dépourvu de tout caractère moral. La faculté de penser, si grande qu'on la fasse, prend tous ses titres de liberté, de moraralité dans la volonté ; aussi ce n'est pas par l'entendement, mais par la volonté que l'homme s'estime. L'homme ne vaut pas en raison de ce qu'il *pense*, mais en raison de ce qu'il *veut*. On peut être un éminent esprit et un fort pauvre homme. Le talent, le génie même n'est que la seconde chose : la première, c'est le caractère, la vertu, qui ont leur siége dans la volonté, d'où dépend le mérite ou le démérite. Il en est des dons de l'esprit comme de ceux de la fortune : ils sont répartis comme au hasard entre les hommes ; et à la manière dont la Providence les jette, on peut juger souvent du cas qu'elle en fait. Il n'en est pas ainsi de la volonté.

Tout homme peut se donner, se former une volonté droite et pure, et les dons surnaturels eux-mêmes dont Dieu la gratifie sont inefficaces sans son concours. Ce sont là des vérités de sens moral et de sens commun qui font la condamnation d'une philosophie et d'une société qui ont besoin qu'on les leur rappelle.

Mais il y a plus, et c'est ici le vif, la philosophie de la volonté est plus *féconde* pour l'entendement lui-même ; elle produit plus de *lumières ;* elle élève l'esprit à une connaissance plus claire et à une possession plus certaine de la vérité. La preuve de cette proposition va se trouver dans la réfutation de la triple objection de M. Cousin.

Le premier chef de cette objection consiste à dire que la philosophie de la volonté est étroite, parce qu'elle ne procède pas du principe et de la substance de toute idée qui est la raison ou la cause en soi. Mais laissons parler à M. Cousin sa propre langue : « Le moi-volonté, dit-il, « ne donne que la cause en action, et non pas « le principe insaisissable et invisible de cette « cause que nous concevons nécessairement,

« mais que nous n'apercevons pas directement.
« La cause en action n'équivaut pas à la cause en
« soi. La volonté donne la cause en acte ; la
« raison seule peut donner la cause en soi, la
« substance¹. »

Ce langage manque de netteté, ou plutôt il n'est que trop clair : il respire ce panthéisme dans lequel a si longtemps flotté l'esprit de l'éminent auteur. Opposons-lui le sens commun. Le *moi* implique tout notre être et en fait la distinction d'avec tout autre, d'avec le non-moi. Or, ce qui fait que je suis moi c'est que je suis cause de mes actes, volonté : cause ou volonté intelligente sans doute, mais s'exerçant dans cette intelligence même, qui n'est mue que par ma volonté. L'âme, comme nous l'avons dit, est un réservoir de puissances parmi lesquelles se trouve la volonté ; mais la volonté a cette prérogative de posséder toutes les autres puissances, en se possédant seule elle-même ; de les faire passer en acte, de les *causer*, de faire que l'homme soit *sui compos*. La notion de volonté étant essentiellement liée dans ma pensée à celle de cause, je

¹ Préface des œuvres posthumes de M. de Biran, p. xxxiii.

ne saisis pas cette distinction de l'illustre critique entre la cause en soi et la cause en acte, en tant que la volonté ne serait pas la *cause en soi*, mais seulement la cause en acte. — Dire que la volonté n'est pas la *cause en soi* de nos actes, ce n'est rien moins que nier la volonté : nous prions qu'on s'en souvienne. — Je ne suis volonté que parce que je suis cause, et je ne suis pas cause si je ne le suis pas proprement et en puissance. Je conçois cette cause au repos, mais, en cet état même, je ne la sépare pas de l'idée de volonté ; car c'est par ma volonté même que je me repose. En tout état, je reviens à la parole de M. Cousin : « La volonté seule est la personne « ou le moi. » Or je ne saurais, dans l'observation de moi-même, remonter plus haut que moi : c'est de là que toute connaissance psychologique se déroule. En se postant sur le terrain de la volonté, Maine de Biran se plaçait donc au sommet et au centre de l'anthropologie. Ce terrain est étroit, dites-vous : soit ; mais il l'est comme tout sommet et comme tout centre : il est par cela même étendu de tout l'horizon de sa vue et de toute la sphère de son action.

Mais en nous fortifiant dans cette première conclusion, nous venons donner prise, ce semble, au second chef de l'objection de M. Cousin. « Le moi est fini, dit-il ; en réduisant l'homme à son *moi*, la philosophie de la volonté intercepte sa communication avec l'Infini, dont la raison seule conçoit et révèle l'existence. »

Il est très-vrai que le moi est fini. Mais cela est aussi vrai de la raison que de la volonté ; et par conséquent je ne comprends pas comment, si c'est là un obstacle aux rapports de l'âme avec l'Infini, l'âme franchirait plutôt cet obstacle par sa raison que par sa volonté. Je suppose que M. Cousin parle de la raison humaine, de notre entendement, si fini, si borné dans sa naturelle portée ; car s'il parlait d'une autre raison que la raison humaine, il sortirait étrangement de la question ; et s'il confondait ces deux sortes de raison, il ferait preuve de bien peu de philosophie. On va en juger :

« L'homme, dit-il, étouffe dans la prison de
« lui-même ; il ne respire à son aise que dans une
« sphère plus vaste et plus haute. Cette sphère
« est celle de la raison, la raison, cette FACULTÉ

« extraordinaire, humaine, *si l'on veut*, par son
« rapport au moi, mais distincte *en elle-même* et
« *indépendante du moi*, qui nous découvre le
« vrai, le bien, le beau et leurs contraires, tantôt
« à tel degré, tantôt à tel autre ; ici sous la forme
« du raisonnement et même du syllogisme qui a
« sa valeur et son autorité légitime ; là sous une
« forme plus dégagée et plus pure, à l'état de
« spontanéité, d'inspiration, de révélation. C'est
« là la SOURCE COMMUNE de toutes les vérités
« les plus élevées comme les plus humbles ; c'est
« là LA LUMIÈRE QUI ÉCLAIRE LE MOI, et que le
« moi n'a point faite. Faute de reconnaître et de
« suivre cette lumière, on la remplace par son
« ombre. On passe à côté de la raison sans
« l'apercevoir ; puis on désespère de la science,
« et on se précipite dans le mysticisme, dont
« toute la vérité est empruntée pourtant à cette
« même raison qu'il réfléchit imparfaitement, et
« à laquelle il mêle souvent de déplorables ex-
« travagances[1]. »

C'est être bien malheureux pour un défenseur
de la raison que de tomber, sur la première no-

---

[1] *Ibid.*, p. xxxix.

tion de la raison elle-même, dans cette étrange confusion que nous voyons ici, et d'où n'a jamais pu se démêler la philosophie de M. Cousin. On a toujours distingué, sous le nom de *raison*, deux choses infiniment différentes et qu'il prend littéralement l'une pour l'autre : la *faculté* de l'entendement ou de la raison dont nous sommes doués dans les limites de notre nature, et la *source commune de toutes les vérités* dont cette faculté s'éclaire; la raison créée, et la raison incréée. Est-il donc besoin de le dire? la faculté de voir n'est pas la lumière : l'œil n'est pas le soleil. Cette altière confusion, au surplus, aboutit à la perte de cette raison qu'elle exalte. Dire que *la faculté de la raison* n'est pas proprement *humaine*, qu'elle est *indépendante en elle-même du moi*, ce n'est rien moins, en effet, que dépouiller l'homme de la raison, comme on le dépouillait tout à l'heure de la volonté. Et remarquez le rapport de ces deux négations, dont l'une enlève la *cause en soi* de nos actes à la volonté pour la mettre dans la raison, et dont l'autre enlève ensuite la raison à la personnalité pour la mettre dans l'universalité et dans la substance.

Il ne sert de rien que M. Cousin, disant que la raison, cause en soi de nos actes, est indépendante du moi, accorde, par grâce, qu'*elle est une faculté humaine, si l'on veut, par son rapport avec le moi;* car qui aura-t-il dans le moi pour soutenir ce rapport, puisqu'il n'y a proprement ni volonté ni raison, et que ce terme de *moi* n'a plus de support ?...

Rétablissons la vérité si étrangement renversée : La raison, prise comme faculté, est en elle-même essentiellement humaine et personnelle, comme le *moi* qui en est le sujet : c'est là son siége; et ce n'est que par son rapport avec son objet, avec la raison divine et incréée qu'elle devient surhumaine en quelque sorte, qu'elle contracte quelque chose de divin. Or, pour revenir à notre thèse, quel est le mobile de ce noble commerce, quelle est l'âme de ce saint rapport si ce n'est l'amour, le culte de la Vérité dont la volonté est le ministre? Pour éviter cette grande vérité, pour y soustraire sa raison, M. Cousin est allé tomber d'abîme en abîme dans le néant : je veux dire de la négation de la volonté dans la négation de la raison, et finalement dans le néant de la personnalité humaine.

Sans doute, bien que la faculté de la raison soit essentiellement humaine, on peut dire que Dieu a mis sur elle son empreinte ; qu'elle a une impression native de l'Infini, et que de là vient cette merveilleuse affinité qu'elle a pour cette *Vérité-Dieu* à la ressemblance de qui elle a été faite. Mais cette impression ne l'enlève pas à elle-même, ne l'enlève pas au moi, pour l'en constituer indépendante. Elle ne l'élève pas non plus en prérogative (ce qui était à prouver) au-dessus de la volonté. Cette divine impression, en effet, porte autant sur la volonté que sur la raison, puisque c'est l'âme entière dans son fonds qui l'a reçue. Par ma volonté, j'aspire autant à un bien infini que par ma raison je l'entrevois. Il y a plus : je ne l'entrevois que parce que j'y aspire, et à proportion que j'y aspire.

Il s'agit pour la philosophie de mettre l'esprit en rapport avec le vrai et la volonté avec le bien. Or, le *bien* et le *vrai* étant unis, et même identiques dans l'être divin qui les réalise, on peut arriver au bien par le vrai et au vrai par le bien. Mais quel est le plus aisé et le plus sûr, pour

l'entendement, de trouver le vrai ; ou pour la volonté, de trouver le bien? Évidemment, la volonté, le sentiment dont elle est le siége, est une faculté bien plus générale, bien plus rapide, et bien plus sûre pour aller au bien, que la raison pour démêler le vrai. « La raison, dit Pascal,
« agit avec lenteur et avec tant de vues sur tant
« de principes, lesquels il faut qu'ils soient tou-
« jours présents, qu'à toute heure elle s'assou-
« pit et s'égare, manque d'avoir tous ses prin-
« cipes présents. Le sentiment n'agit pas ainsi ;
« il agit en un instant et tout est prêt à agir [1]... » .

En outre, la raison, dans tout ce qui touche de près ou de loin à l'ordre moral et religieux, comme les matières philosophiques, s'inspire ouvertement ou secrètement des dispositions de la volonté. « La volonté, dit encore très-bien
« Pascal, est un des principaux organes de la
« créance ; non qu'elle forme la créance, mais
« parce que les choses sont vraies ou fausses,
« selon la face par où on les regarde. La volonté,
« qui se plaît à l'une plus qu'à l'autre, détourne
« l'esprit de considérer les qualités de celles

---

[1] *Pensées,* édit. Faugère, t. II, p. 176.

« qu'elle n'aime pas à voir; et ainsi l'esprit, mar-
« chant d'une pièce avec la volonté, s'arrête à
« regarder la face qu'elle aime, et ainsi il en
« juge par ce qu'il y voit [1]. » Or, la volonté incline naturellement au mal, *deteriora sequor*, et ne fait le bien que par effort, que par vertu. Elle est secrètement intéressée contre le bien, et par conséquent contre le vrai. L'entendement est comme un juge gagné par la partie. Mettre la volonté en rapport avec le bien est donc la condition préliminaire de toute recherche de la vérité. C'est comme une balance fausse qu'il faut justifier avant de s'en servir.

Cela est tellement vrai, que dans la généralité des cas cela suffit. Il suffit, dis-je, le plus souvent, de vouloir la vérité, c'est-à-dire de l'aimer, pour la connaître. Toutes ces difficultés de connaître la vérité, toutes ces méprises, toutes ces illusions, toutes ces erreurs, qui encombrent le champ de la philosophie de tant de débris de systèmes, tiennent plus encore au vice de la volonté qu'à la faiblesse de l'entendement, et la raison s'illumine bien plus de la simplicité du

[1] *Pensées*, t. I, p. 223, 224.

cœur, que de tous les appareils de la pensée.

Nous touchons là au vrai fondement de la philosophie chrétienne, si admirablement découvert et justifié par Maine de Biran. Le Christianisme ne se propose pas moins que la philophie rationaliste les joies de l'intelligence. Chose admirable! il en fait même la suprême conquête de l'âme humaine : » La vie éternelle, dit son « divin auteur, consiste à vous CONNAITRE, ô « mon Père! vous et Celui que vous avez en- « voyé [1]. » Il s'appelle lui-même LA LUMIÈRE, LA VÉRITÉ [2], et ses disciples les ENFANTS DE LA LUMIÈRE [3]. Il crée des expressions d'une hardiesse inconnue pour peindre la pénétration de l'intelligence dans le foyer divin : *Ibunt de claritate in claritatem* [4]; — *In lumine tuo videbimus lumen* [5]. Tout tend à la lumière dans le Christianisme. Mais est-ce par l'effort immédiat de l'entendement? Non, c'est par l'effort moral de la volonté, de l'amour et de la vertu. L'Évan-

---

[1] Jean, XVII, 3.
[2] *Ibid.*, XIII, 12; XIV, 6.
[3] Luc, XVI, 8.
[4] II. Corinth., III, 18.
[5] Ps. XXXV, 10.

gile s'adresse aux *hommes de bonne volonté*, et non aux penseurs [1]. Conforme au divin modèle, *qui cœpit* FACERE *et docere* [2], il fait arriver à la vue par le goût : *gustate et videte* [3], à la vision de l'esprit par la pureté du cœur : *beati mundo corde quia Deum videbunt* [4], à la lumière de la vérité par sa pratique : *qui* FACIT *veritatem venit ad lucem* [5]; à la doctrine, en un mot, par la volonté et par l'expérience : et, par là, il fait de grands docteurs et d'éminents philosophes de ses plus humbles sectateurs.

C'est qu'en définitive la vérité est Dieu même; et Dieu n'est pas un être abstrait ou inerte qu'on soumet au calcul ou qu'on dérobe, comme on raconte que Prométhée déroba le feu du ciel. Il est le *Dieu vivant*, la personnalité essentielle, le MOI souverain, EGO DOMINUS, qui se communique ou se refuse, qui se fait obtenir, qui se met au prix de la vertu, au concours de la volonté : *Vim patitur et violenti rapiunt il-*

[1] Luc, II, 14.
[2] Act., I, 1.
[3] Ps. XXXIII, 9.
[4] Matth., V, 8.
[5] Jean, III, 21.

*lud*[1]. Il faut payer de sa personne, il faut y mettre *du sien* pour l'acquérir. Or, ce n'est pas dans l'entendement, mais dans la volonté que consiste la personne, le *moi* dont il exige le don. Et de là vient que la philosophie séparée, dont tout le dessein consiste à délier la personnalité de ce saint joug, en est réduite à nier la personnalité, à tuer le *moi*, pour lui donner la seule liberté dont elle dispose : la liberté de l'erreur et de la mort.

On est toujours à dire que le Christianisme demande le sacrifice de la raison. C'est un leurre. Le Christianisme laisse à l'homme toute sa raison, comme tous ses autres biens ; il ne demande qu'une seule chose, pour laquelle l'homme n'est que trop disposé à faire le sacrifice de sa raison, comme on le voit par tous les écarts d'esprit où il se jette pour la disputer ; et cette chose c'est l'homme même, la volonté : Juste exigence d'une religion où Dieu lui-même se donne le premier à l'homme ! Juste prix de la vérité !

La philosophie de la volonté est donc par excellence la philosophie de la vérité même, de

---

[1] Matth., xi, 12.

Dieu et de l'infini. Aussi, où trouve-t-on plus le sens de Dieu et de l'infini que dans les pages du *Journal intime?* Quel plus lumineux essor de raison vers les invisibles et éternelles réalités?

Cela est tellement vrai que le troisième chef de l'objection que lui adresse M. Cousin est d'aboutir au mysticisme. Reproche étrangement contradictoire avec le second, que nous venons de discuter. Par celui-ci, en effet, M. Cousin accusait la philosophie de la volonté d'intercepter la communication de l'âme avec l'Infini, et, par celui-là, il l'accuse de nous y précipiter. Et comment? Parce qu'elle appelle à son aide l'intervention de cette Vérité-Dieu, de cette Lumière surnaturelle, de cette Raison incréée qui est sa fin comme son principe : parce qu'elle en reçoit une vie supérieure à la raison et dans laquelle la raison grandit et se divinise. Voilà ce que M. Cousin appelle dédaigneusement *mysticisme*, mot de passe de la philosophie contre le Christianisme. Mais si par mysticisme on entend tout commerce de l'âme avec le Dieu vivant, ce serait étrangement démentir le privilége qu'on revendiquait tout à l'heure pour la raison de nous mettre en rapport avec l'Infini ; à moins que par l'Infini on n'entende une substance impersonnelle, un être sans volonté, qui n'aurait pas même l'activité correspondante à notre nature finie. Que si on veut parler d'un faux mysticisme, c'est-à-dire de l'absorption de l'activité humaine dans cette divine activité, j'en demande bien pardon à M. Cousin, mais la volonté, faculté essentiellement active, personnelle, propre et libre, est bien plus énergique que l'entendement pour résister à cette absorption : elle en est même radicalement exclusive. C'est à la philosophie de l'entendement, à la philosophie de Descartes, qu'il faut renvoyer ce reproche. Que M. Cousin me permette de lui opposer à cet égard..... M. Cousin :

« Descartes, dit-il, a très-bien vu que la
« conscience seule éclaire à nos yeux l'existence
« et nous révèle notre personnalité. Son tort est
« de n'avoir pas recherché et de n'avoir pas su
« reconnaître la condition de toute vraie pen-
« sée, de toute conscience, et à quel ordre de

« phénomènes est attaché le sentiment de la
« personnalité. Si, au lieu de dire vaguement
« *Je pense, donc je suis,* Descartes eût dit :
« *Je veux, donc je suis,* il eût posé d'abord un
« moi, cause de ses actes, au lieu d'une âme
« substance de ses modes, une personnalité,
« non-seulement distincte comme la pensée de
« l'étendue, mais douée d'une énergie capable
« de suffire à l'explication de toutes ses opéra-
« tions et de toutes ses idées, sans qu'on ait
« besoin de recourir à l'intervention divine ; et
« il eût arrêté l'école cartésienne sur la pente
« glissante qui entraîne tout spiritualisme au
« mysticisme. Mais une fois la nature propre
« du moi et sa puissance causatrice méconnue,
« il était assez naturel que Malebranche appe-
« lât à son secours l'efficace divine pour expli-
« quer des opérations inexplicables par la seule
« pensée, et que Spinosa rapportât à une sub-
« stance étrangère, avec l'étendue, une pensée
« sans volonté, sans puissance, sans individua-
« lité réelle[1].

Voici, il faut en convenir, la philosophie spi-

[1] Préface des œuvres posthumes de M. de Biran, p. xvii.

ritualiste placée dans un étrange embarras, pour vouloir se soustraire à l'*intervention divine*. Si, au lieu de dire : *Je pense, donc je suis,* Descartes eût dit : *Je veux, donc je suis,* il eût arrêté, *peut-être,* l'école cartésienne sur la pente glissante qui entraîne *tout spiritualisme au mysticisme.* Mais quoi, voici qu'un nouveau Descartes vient précisément dire : *Je veux, donc je suis;* et par là, dites-vous, *il s'est précipité dans le mysticisme !!!* En vérité, c'est à dégoûter du spiritualisme.

Que conclure de là, sinon que tout spiritualisme aboutit, en effet, au mysticisme, comme toute âme aspire à l'infini ; et qu'il faut en prendre son parti, ou retourner au matérialisme. Seulement on a le choix entre le faux et le vrai mysticisme : entre le mysticisme panthéiste de Spinosa, d'Hegel et de M. Cousin, et le mysticisme chrétien de Bossuet, de Leibnitz et de Maine de Biran.

Je dis qu'on a le choix entre le mysticisme de M. Cousin et le mysticisme de Maine de Biran. Mettons-les en effet en présence :

Maine de Biran, ramassant l'homme dans la

vie animale de pure sensation où l'avait plongé la philosophie du dix-huitième siècle, en dégage un principe de vie supérieur à la matière, rallume en lui la conscience d'une activité propre et distincte de ce qui l'entoure, et l'avertit que sa volonté, et non pas les objets étrangers, le constitue ce qu'il est : personne morale, intellectuelle, et libre par essence.

Après avoir ainsi relevé et replacé l'homme sur le trône moral de sa personnalité, il ne tarde pas à faire l'expérience, d'une part qu'il y est faible contre la vie inférieure des sens qu'il doit dominer et les impressions des objets extérieurs dont il doit s'affranchir ; d'autre part, qu'il est misérable par l'impuissance d'être à soi-même son but et son point d'appui, de remplir le vide où il étouffe, de fixer cet état de perpétuelle fluctuation où il s'écoule, d'apaiser cette soif du parfait, du grand, du beau et de l'éternel qui le tourmente, d'échapper en un mot à ce monde de phénomènes au delà duquel il pressent un bien supérieur, seul réel, seul permanent, seul immuable, seul propre en un mot à servir de but à cette activité dévorante de notre être et de règle à notre existence ici-bas.

C'est ce bien, c'est cet être, en qui doit se trouver la plénitude de la vie à laquelle nous aspirons, vers qui Maine de Biran se tourne, dont il honore la supériorité et invoque le secours par la prière, et dont il reçoit une vie spirituelle intérieure, qui est à la vie extérieure de la volonté, ce que celle-ci est à la vie des sens.

Et dans ce commerce religieux de l'âme avec son bien suprême, Maine de Biran éprouve la divine excellence du Christianisme, qui fait de la volonté, c'est-à-dire de la personnalité humaine, la valeur d'échange, si j'ose ainsi dire, dont la vie de Dieu est la contre-valeur ; et qui par conséquent soumet le don de cette vie divine à la condition de purifier la volonté par le détachement moral des biens périssables, et de la donner à Dieu par le détachement de soi : don qui enrichit, détachement qui fortifie la volonté contre les faiblesses de la nature, en ne l'assujettissant que pour l'affranchir, et en ne la dépouillant de l'étroit amour d'elle-même que pour la dilater dans la charité immense de Dieu.

Tel est le mysticisme de Maine de Biran. Il

est faux de dire qu'*il borne l'homme à son propre moi;* puisqu'il le met en rapport avec l'Infini. Il est faux de dire ensuite, par la plus étrange contradiction, qu'*il le précipite dans le mysticisme;* puisque, dans ce religieux commerce, le *moi* est élevé à sa plus haute énergie, qui est de soutenir des rapports avec l'Infini. Loin de l'appauvrir, cette sublime doctrine dote l'homme de la vie intérieure de l'esprit, fortifie et enrichit la vie intellectuelle de la volonté, purifie et ennoblit la vie animale des sens, et par l'harmonieuse subordination de cette triple vie, le fait tendre à celle qui ne finit pas.

Voyons maintenant le mysticisme de M. Cousin. Nous n'avons pas besoin de sortir des éléments de cette discussion pour le montrer à découvert. Lui qui reproche à Maine de Biran de réduire l'homme à son propre moi, puis de l'absorber dans le mysticisme, que fait-il ? Nous l'avons vu : il retranche du moi la raison, puisqu'il ne la considère pas comme une faculté proprement humaine, mais *indépendante en elle-même du moi :* il en retranche la volonté, puisqu'il ne la considère pas comme la *cause en soi* de nos actes, et qu'il place cette cause dans cette raison indépendante du moi. Privé de raison, privé de volonté, que reste-t-il au moi qui le constitue? Rien. Il est supprimé; il est annihilé dans *ce principe insaisissable et invisible que nous concevons nécessairement, mais que nous n'apercevons pas directement,* autrement dit dans LA SUBSTANCE. Et ainsi, comme il le dit lui-même de Spinosa, *il rapporte à une substance étrangère une pensée sans volonté, sans puissance, sans individualité réelle.*—Voilà comment M. Cousin se donne le droit de tonner contre les *déplorables extravagances du mysticisme.*

Ce n'est pas tout : comme il ne peut tromper, par cette creuse et abstruse théorie, le vrai besoin qu'a l'âme de l'Infini, son spiritualisme n'en est pas quitte au prix de ce mysticisme du néant, et on le voit bientôt retomber faute d'aliment... dans le matérialisme.

Nous ne voulons lui faire ici son procès que dans les limites de la défense de la philosophie chrétienne qu'il a attaquée. Les esprits et les temps ne sont pas aux luttes de la pensée : notre caractère y répugne d'ailleurs instinctivement, comme à tout ce qui peut aigrir les âmes. Mais nous ne saurions non plus laisser la vérité captive dans d'injustes appréciations, et nous devons la dégager, fût-ce au péril de ceux qui la retiennent. Nous avons du reste, dans toute cette discussion, un avantage qui nous sied trop pour que nous hésitions d'en user : c'est de ne faire la leçon à M. Cousin qu'avec lui-même.

Or, c'est une grande leçon que celle-ci, que tandis que le spiritualisme de Maine de Biran, fidèle à son principe, s'élevait, par les généreux efforts de la volonté et les ailes de la pensée, du sensualisme de Condillac et de Cabanis à la sublime et sainte philosophie de l'Évangile, le spiritualisme rationaliste de M. Cousin retombait dans le matérialisme pratique de la philosophie de la sensation.

Cela devait être : — Cela a été.

Cela devait être : Que reste-t-il à l'homme, en effet, une fois que vous lui avez enlevé la volonté comme cause de ses actes, et la raison comme faculté propre au *moi;* que lui reste-t-il que les sens, et quel autre parti lui laissez-vous que le matérialisme, seul terme où aboutisse, en dernière analyse, la philosophie séparée de la foi ?

Cette philosophie a beau prétendre au spiritualisme, elle a beau exalter cette prétention jusqu'au mysticisme, elle n'est, au fond, qu'un matérialisme déguisé.

*L'homme étouffe*, dites-vous, *dans la prison de lui-même*, et au lieu d'accepter le secours de la Religion, qui vient élargir et élever cette prison jusqu'à en faire un temple où Dieu même vient habiter, vous ne voyez d'autre parti que de la démolir, de démolir ce *lui-même* de l'homme : vous abattez sa volonté, vous abattez sa raison, et vous prétendez le mettre par là dans un rapport plus libre et plus immédiat avec l'Infini. Mais quelle prise ce rapport avec l'Infini peut-il avoir sur un être que vous avez détruit...? Évidemment cet être, dépouillé de toute *personnalité* morale et intellectuelle, loin de pouvoir soutenir aucun rapport avec l'Infini, n'a pu se soutenir lui-même, et a dû perdre jusqu'à la conscience de la vérité et de la justice, en tombant sous l'empire aveugle des sensations. Cela devait être.

Cela a été.

Personne n'a mieux fait ressortir et mieux stigmatisé que M. Cousin les conséquences bornées et immorales de cette basse philosophie de la sensation, dans ses admirables *arguments* du *Théétète* et du *Gorgias* de Platon : soit que, de la sensation posée comme règle unique de la science et de la morale, il conclue que chacun, d'après cette règle, étant juge de ce qui lui paraît, il n'y aurait plus ni vrai ni faux, ni juste ni injuste en soi, et que tout ne dépendrait que de la manière relative de voir et de sentir dans chaque individu ; soit que, pressant davantage cet *éternel système des tyrans et des charlatans,* comme il l'appelle, il en fasse sortir la monstrueuse philosophie *du succès,* en vertu de laquelle les plus forts sont légitimement les premiers et doivent l'emporter à bon droit sur les plus faibles. L'éminent et éloquent critique concentre, dans quelques pages incomparables, toute la philosophie du *Gorgias* sur la nécessité d'élever et de rattacher tous nos jugements à la justice et à la vérité. Mais, venu à ce point, il s'arrête, alors que Platon continue à monter. Le disciple de Socrate, avec les faibles lumières de sa conscience et de la tradition antique, comprend très-bien qu'après avoir rattaché tous nos jugements et tous nos actes à la vérité et à la justice, on n'a pas atteint le vrai point d'appui de l'ordre rationnel et moral, et que la religion seule, la foi dans un Dieu juge et rémunérateur, dans une sanction de châtiments éternels ou de récompenses après la mort, doit dominer tous les résultats de la vie, parce qu'elle en consomme toutes les fins. « J'ajoute une foi « entière à ces croyances, dit noblement Platon, « et je m'étudie à paraître devant le Juge avec « une âme irréprochable [1]. »

Ce religieux héritage d'un païen, M. Cousin le répudie ; il s'attache même à en discuter la sincérité dans des notes où il ne fait voir que son impuissance. Mais ce qui est hautement instructif, c'est la sanction qu'il lui apporte en tombant, faute de s'y rattacher, dans toutes ces conséquences de la philosophie de la sensation qu'il a lui-même si éloquemment flétries. Nous ne réveillerons pas ici les échos de ces trop mémorables leçons, où le traducteur de Platon,

---

[1] *Gorgias*, traduction de M. Cousin, p. 412.

se faisant le disciple de Protagoras et de Calliclès, professe que *tout est vrai pris en soi;* que *l'erreur n'est pas extravagante, qu'elle est nécessaire et utile; qu'elle est la forme de la vérité*, et que *toutes les erreurs, c'est-à-dire toutes les verités, sont bonnes à leur place et dans leur temps* [1], et de celles où, par une conséquence vengeresse, il en vient à proclamer la *moralité du succès : qu'il faut toujours être du parti du vainqueur, parce que c'est toujours celui de la meilleure cause, la cause de la vérité du jour contre la vérité de la veille, devenue l'erreur d'aujourd'hui;* — que *le vaincu est toujours celui qui doit l'être; que la faiblesse est un vice, et que partant elle doit toujours être punie et battue* [2], etc., etc.

C'en est assez pour la justification que nous nous sommes uniquement proposée. Il conviendrait d'autant moins aujourd'hui de la pousser jusqu'à l'accusation, que, par des déclarations nouvelles, singulièrement placées, il est vrai, en tête des rééditions de ses doctrines anciennes,

[1] Cours de 1828, 6ᵉ et 7ᵉ leçons.
[2] Introduction à l'*Histoire de la philosophie*, 10ᵉ leçon.

M. Cousin semble désavouer celles-ci. Nous signalerons notamment, comme plus explicite qu'aucun autre, le récent *avant-propos* de la nouvelle édition de sa *Philosophie de Kant*. Ces paroles sont à recueillir et à noter :

« Plus nous avançons dans la vie, dit M. Cou-
« sin, plus nous préférons le sens commun au
« génie lui-même, et les grandes voies où marche
« l'humanité aux sentiers détournés qui *trop*
« *souvent aboutissent aux précipices.*

« ... Nous souhaitons d'autres destinées à la
« philosophie de notre pays (que celles de la
« philosophie allemande par lui importée).
« *Après tant d'éclatants naufrages,* la sagesse
« nous commande de jeter l'ancre dans le sens
« commun et dans la conscience. Là est la cer-
« titude primitive et permanente où l'homme
« se repose naturellement, et où doit revenir le
« philosophe après tous les circuits et *souvent*
« *les égarements de la réflexion.* »

M. Cousin ne s'est jamais tant élevé que par ces aveux. Mais pourquoi n'est-ce que pour retomber aussitôt dans cette éternelle prétention de « professer une doctrine généreuse, nationale et libé-

« rale, libre et sincère alliée du Christianisme? »

M. Cousin a-t-il bien le sentiment de ce que renferment ces paroles qu'il a toujours mises comme un sceau sur sa philosophie : *Libre alliée du Christianisme ?* Sait-il bien qu'il n'en est pas de plus blessantes pour des chrétiens? Traiter le Christianisme sur un pied d'égalité ; le dépouiller de son divin caractère ; lui mettre un manteau de philosophe sur les épaules, une plume de penseur dans les mains, et lui faire l'injure de le saluer en cet état : que dis-je? supposer qu'il pourrait se renier lui-même jusqu'à souscrire à cette humaine alliance, à cet indigne honneur : voilà le sens de ces paroles, plus fâcheuses, après tout, pour M. Cousin que pour nous. Non, le plus grand philosophe du monde ne peut, sans folie ou sans blaphème, se dire le libre allié de CELUI *au seul nom de qui tout genou doit fléchir, au ciel, sur la terre et dans les enfers*[1].

---

[1] *In nomine* JESU *omne genu flectatur cœlestium, terrestrium, et infernorum.* — Ad Philip., II, 10.

* Dans l'*Avant-Propos* de la récente réédition de son *Pascal*, M. Cousin ne va-t-il pas jusqu'à dire que *sa philosophie*

Tant qu'il n'abjurera pas cette sacrilége prétention, il peut être sûr qu'il ne *jettera l'ancre nulle part*, et que son aventureux génie n'aura servi qu'à montrer, par *d'éclatants naufrages*, la fatale destinée de la philosophie séparée de la foi.

Ce qu'il appelle *jeter l'ancre dans le sens commun et dans la conscience* n'est qu'une pompeuse abdication de la pensée venant s'échouer sur un lieu commun. Que n'entre-t-il plutôt dans le port! Tant de douces et confiantes influences abusées ont si vainement travaillé à l'y attirer, que l'honneur de la vérité réclamait à son tour la liberté de notre langage. Nous n'avons pas dû croire, d'ailleurs, que ce langage, quel qu'il fût, eût assez d'autorité pour arrêter ou déterminer un retour aussi trompeur. A Dieu seul

---

*est trop sûre d'elle-même pour ne pas* FAIRE *volontiers* DES AVANCES *au Christianisme!!!* — Ces paroles échappent à l'indignation par le ridicule. M. Cousin se croit-il donc le Roi, pour saluer le premier; et ne sait-il pas que le Christianisme n'est qu'une grande *avance* du Ciel envers la terre, à laquelle celle-ci ne peut répondre que par le sentiment de la plus profonde humilité? Tant que M. Cousin n'aura pas pour le Christianisme ce sentiment, il en sera pour ses avances:
*Dieu ne s'abaisse pas à des âmes si hautes.*

est réservé la conquête ou le jugement de ce difficile esprit ; et la Providence semble se l'être proposé, en faisant paraître à la lumière, après trente ans d'obscurité, ce *Journal*, ces *Cahiers* de son ancien maître qu'il avait écartés à jamais, croyait-il, dans sa jeunesse, et qui lui reviennent aujourd'hui comme un suprême avertissement. Qu'il apprenne donc de lui, avec nous tous, entre autres vérités sublimes et consolantes que cette voix d'outre-tombe est venue jeter au milieu de nous : « que si l'homme,
« même le plus fort de raison, de sagesse hu-
« maine, ne se sent pas soutenu par une force, une
« raison plus haute que lui, il est malheureux,
« et, quoiqu'il en impose au dehors, il ne s'en
« impose pas à lui-même ; — que la sagesse, la
« vraie force consiste à marcher en présence de
« Dieu, à se sentir soutenu par lui ; — enfin que,
« tandis que le philosophe est seul ou avec sa
« conscience de force propre qui le trompe, le
« chrétien marche en présence de Dieu et avec
« Dieu, par le *Médiateur*, qu'il a pris pour guide
« et compagnon de sa vie présente et future[1]. »

[1] *Journal intime,* passim.

Voilà ce que Maine de Biran nous enseigne par ce qu'il a fait.

## § II.
#### CE QUE MAINE DE BIRAN NOUS ENSEIGNE PAR CE QU'IL A OMIS DE FAIRE.

Après tout ce que nous avons admiré de vérités spirituelles et de sentiments chrétiens dans le *Journal intime*, une question va paraître étrange, et cependant veut être posée.

Maine de Biran, toujours en marche vers le Christianisme, pendant trente ans, y est-il définitivement arrivé? Pour employer une expression ordinaire, mais vive, *a-t-il fait le pas*, ce pas du Rubicon, qui se fait quelquefois en un jour pour la vie, et qui trop souvent aussi, après toute une vie d'initiation et de rapprochement, ne se fait pas même le dernier jour : mystérieuse révolution, qu'on appelle *conversion*, qui met un abîme entre le même homme et lui-même, et en fait un *homme nouveau*, selon l'expression profonde de l'Évangile?

Cette grave question, qu'on a si tristement agitée naguère, à l'égard d'un autre grand esprit, et qui a le privilége d'émouvoir toutes les âmes autour du cercueil des grands hommes, comme si le sort général de l'âme humaine y était intéressé, se dresse sur la tombe de Maine de Biran, avec une puissance d'intérêt qui est en raison du progrès de son âme dans la vérité, et de la grandeur du témoignage qu'elle lui rend.

Eh bien, il faut le dire, quelque avancées que soient les dernières pages du *Journal intime* dans les profondeurs de la psychologie chrétienne, dans les secrets de la vérité mystique ; quelque persévérants et prodigieux qu'aient été les efforts de sincérité qui avaient conduit cette âme de si loin jusque-là ; quelque pénétrants que soient les accents de sa prière et de ses appels de délivrance, il n'y a pas là, pour qui s'y connaît, le caractère d'une âme rendue à Dieu, à la foi chrétienne.

Et, chose singulière ! ce qui nous édifie, ce qui nous instruit le plus dans le *Journal intime*: la découverte et l'exposition si admirables des vérités de l'ordre spirituel, qui vont jusqu'à élever parfois ces pages à la hauteur de celles de l'*Imi-*

*tation*, est précisément ce qui nous fait douter que la foi à ces vérités ait été définivement acquise à cette âme qui les pénètre si profondément. Car elle ne fait tout ce travail que pour se donner une conviction qu'elle n'a pas. Elle éprouve de plus en plus ces vérités ; mais elle n'en prend pas possession. Elle s'y agite, et cette agitation qui les fait ressortir témoigne qu'elle n'y est pas entrée. Le progrès qu'elle y fait est de la même nature que celui qui l'y a conduit depuis son point de départ ; c'est une suite du même mouvement, mais ce n'en est pas le terme ; et on sent même que, dans les conditions où elle se trouve, elle pourrait se rapprocher sans cesse de la vérité divine, sans s'y fixer jamais.

Sans doute, même quand on est entré dans la foi, que dis-je? surtout alors l'intelligence s'exerce et se déploie ; mais c'est à un autre titre et sur un autre fonds : c'est à titre de jouissance, non de recherche ; c'est sur un fonds de foi, qui suffit à la possession de la vérité, qui tente les contemplations de l'intelligence, mais qui n'en dépend pas ; et qui seul procure à l'âme humaine ce bonheur où elle aspire, et que Maine de Biran a si heureusement défini quelque part : L'ACTIVITÉ DANS LE REPOS.

C'est ce *point d'appui* vital, extérieur et supérieur à soi, que M. de Biran a toujours cherché, dont il a si vivement senti et décrit la nécessité, la nature, et les caractères, et qu'il ne lui a pas été donné de saisir par tous les efforts de son puissant esprit et de sa volonté, même aidée de la prière.

M. Ernest Naville a parfaitement constaté cette infirmité de M. de Biran, ce *desideratum* du *Journal intime*.

« On ne rencontre nulle part, dit-il, dans le
« *Journal*, à l'égard des vérités chrétiennes,
« l'expression d'une conviction proprement dite.
« Les aspirations, les désirs, les vues qui se di-
« rigent de ce côté y abondent et se multiplient
« à mesure que le temps avance ; le mouvement
« est visible, et on ne peut en méconnaître la
« direction, mais on ne lit nulle part la profes-
« sion d'une foi positive et complète. Les doutes,
« les incertitudes subsistent jusqu'à la fin ; l'âme
« de l'auteur est pareille à l'aiguille d'une bous-

« sole, qui, déviée de sa direction naturelle, ne
« cesse pas d'y tendre, mais oscille avant de s'y
« fixer. »

Les dernières lignes du *Journal* nous laissent sous la même impression. « On sent qu'une
« main fiévreuse a tracé ces lignes auxquelles la
« pensée d'une mort si prochaine imprime un
« caractère solennel. M. de Biran n'avait pas
« encore trouvé la paix; on le voit se débattre
« jusqu'à la fin contre les incertitudes de son
« esprit, les habitudes de son imagination et les
« retours des anciens penchants qui l'attachent
« au monde... »

M. Ernest Naville, mû par cette noble sollicitude d'une âme chrétienne sur le sort d'une autre âme, et d'une âme en qui se faisait, d'une manière si extraordinaire, l'expérience de la vérité, termine par cette réflexion dont la réserve permet, mais ne donne pas la confiance :

« Le journal s'arrête à la date du 17 jan-
« vier 1824 ; le 20 juillet, M. de Biran re-
« mettait son âme entre les mains de Dieu. Que
« se passa-t-il dans cette âme pendant ces deux

« mois, qui virent succéder à de vagues an-
« goisses les souffrances d'une maladie déclarée?
« Il n'appartient pas à une main humaine de
« soulever le voile qui couvre l'accomplissement
« des secrets desseins de Dieu à la dernière
« heure de la vie, mais la fin de M. de Biran
« porta tous les caractères d'une mort chré-
« tienne, et il est permis, après tout ce qui
« précède, de voir dans l'expression de ces
« derniers sentiments, non pas un de ces re-
« tours tardifs et suspects à des espérances
« trop longtemps dédaignées, mais le couron-
« nement d'une vie dirigée au travers de bien
« des obstacles et des douleurs vers les consola-
« tions de la foi. »

Nous avons compris, mais regretté, que M. Ernest Naville, protestant, ne se soit pas expliqué plus historiquement sur ce qu'il entendait par *tous les caractères d'une mort chrétienne* dans la fin de Maine de Biran, et que, sans soulever le voile qui couvre l'accomplissement des desseins de Dieu, il ait mis lui-même un voile autour de ce lit funèbre et des derniers actes qui s'y sont passés. Il nous fait connaître que les obsèques de M. de Biran eurent lieu le 22 juillet à l'église Saint-Thomas-d'Aquin, et que son corps fut déposé au cimetière du Père-Lachaise. Mais s'il est intéressant pour nous de savoir que la Religion catholique honora de ses cérémonies le corps de M. de Biran, il l'était bien davantage de savoir si elle avait réconcilié et fortifié son âme de ses sacrements. Ce n'est pas tant un reproche qu'un regret que nous exprimons ici sur cette réserve de M. Ernest Naville, réserve qui s'explique parfaitement par la différence d'appréciation, entre lui et nous, touchant la puissance et l'efficacité des sacrements sur l'âme qui fait un acte suprême de foi en les recevant, et qui en sort tellement régénérée et transformée, qu'il est plus que *permis* d'avoir nous-même foi en son avenir.

Sous l'empire de ce regret, et jaloux de nous édifier sur une circonstance si importante et si décisive de la fin d'une telle vie que celle de Maine de Biran, nous avons cherché, dans les journaux religieux du temps, si nous ne découvririons pas quelque éclaircissement à ce sujet ; et voici ce que nous avons eu le bonheur de trouver et la consolation de lire dans l'*Ami de la Religion* du 24 juillet 1824 :

« M. François-Pierre Maine Gonthier de Bi-
« ran est mort à Paris, le 20 juillet, des suites
« d'une maladie de poitrine... Visité dans sa
« maladie par un prélat qui était lié avec lui,
« il a rempli, d'une manière édifiante, ses
« devoirs de chrétien, et a reçu les sacrements
« des mains de son pasteur, M. le curé de
« Saint-Thomas-d'Aquin. »

Maine de Biran a donc fait, enfin, cette profession de foi que son *Journal* laissait à désirer. Il l'a scellée par le gage le plus éclatant que puisse donner une âme catholique, et qui a illuminé sa couche funèbre, comme fut illuminée celle de Montaigne, des rayonnantes clartés de l'amour s'unissant à la vérité.

En repos sur cet intérêt souverain, et en possession de ce témoignage solennel, qui projette sur toute la vie de Maine de Biran et sur toutes les pages du *Journal intime* l'autorité de sa conclusion, nous n'avons pas pour cela résolu le problème que nous offre l'absence de cette conclusion dans tout le cours de ce *Journal* et de cette vie.

Ce problème peut se poser ainsi : Comment une âme, armée de toutes les ressources de l'esprit et de la volonté propre, appliquée pendant trente ans à la recherche de la vérité, et parvenue à pénétrer cette vérité jusqu'à en dérober les plus secrets mystères, n'a-t-elle pas pu y adhérer et s'y fixer dans la calme certitude de la foi que tant de puissantes vues devaient lui inspirer, et comment a-t-il fallu la grâce de la mort pour lui faire embrasser, en un instant, ce qui avait échappé à ses prises pendant toute sa vie?

C'est ce qu'il est aussi curieux qu'instructif de rechercher.

M. Ernest Naville a fait à ce sujet des observations extrêmement judicieuses, qui nous mettent sur le chemin de la solution que nous cherchons, mais qu'il n'était pas en situation de trouver.

« Le besoin d'appui, dit-il, était devenu chez M. de Biran le besoin de la grâce, et le besoin de la grâce avait naturellement dirigé ses regards vers Celui qui en a fait la promesse et qui en offre en lui-même, dans sa vie et dans sa mort, le type accompli et l'idéal réalisés : Notre Seigneur Jésus-Christ. — Ces deux éléments, le secours promis et l'idéal réalisé, sont à peu près les seuls que M. de Biran saisisse dans l'ensemble des dogmes chrétiens. L'idée du *pardon* n'a pas de place dans son esprit. Il invoque, il est vrai, le divin **Médiateur**; mais ce Médiateur n'est pas celui qui se place entre le coupable et le juge ; c'est l'ami qui empêche l'homme de succomber sous le poids de la solitude. »

« Cette espèce d'oubli d'une doctrine aussi capitale dans l'économie générale de la vérité chrétienne n'est point un accident dans la pensée de M. de Biran, c'est le résultat de l'ensemble de son développement intérieur. Dans ses profondes analyses de l'homme, il n'avait jamais fixé ses regards avec quelques soins sur l'obligation morale et sur la responsabilité qui en est la conséquence. Ce qui le préoccupe, c'est la beauté d'une vie ordonnée, paisible, conforme aux lois de la raison et de l'harmonie, par opposition à une vie agitée, sans base fixe, dominée par des passions inquiètes et mobiles.

Mais le *devoir,* dans sa sévérité majestueuse, le devoir qui oblige et qui condamne, ce fait que Kant posait à la base de toute sa doctrine, le philosophe français ne l'avait jamais regardé en face, et par suite n'en avait pas apprécié toute la portée. Il déplorait donc la faiblesse de sa volonté plutôt que ses fautes, et la misère d'une vie subordonnée aux mille variations de la sensibilité, plutôt que le caractère coupable d'une existence étrangère à l'observation des commandements divins [1]. »

Cette première observation de M. Ernest Naville est d'une grande justesse : il est évident qu'une lacune immense et capitale se trouvait dans la conception d'ailleurs si savante que M. de Biran se faisait du Christianisme : il n'y avait pas vu son caractère de *rémission* des fautes; la doctrine du *pardon*.

Une seconde observation de M. Ernest Naville nous découvre, dans la conception chrétienne de Maine de Biran, une omission plus considérable encore. Ce grand esprit s'était tellement renfermé et absorbé dans le monde psychologi-

---

[1] *Vie de Maine de Biran,* p. 101.

que et *subjectif*, il avait tellement fait porter toute sa doctrine sur les expériences intérieures et les faits de sens intime, que le côté historique, extérieur et *objectif* du Christianisme lui avait complétement échappé. Jésus-Christ s'offrait à lui comme un idéal que la conscience accepte : mais l'*Homme-Dieu* est-il venu dans le monde? Faut-il voir en lui un être *réel*, historique, qui a paru sur la terre, manifestation de la miséricorde éternelle? Ce problème est comme nul à ses yeux, tant son point de vue était concentré et circonscrit dans la considération pure et simple des phénomènes dont l'âme est le théâtre.

M. Ernest Naville critique cette insuffisance de vue avec une admirable portée de raison et de sens chrétien. Nous ne pouvons nous défendre de citer *in extenso* deux pages de lui sur ce sujet, qu'on pourrait appeler classiques :

« C'est bien là, reprend-il, le terrain néces-
« saire à des convictions religieuses véritable-
« ment solides; mais la foi chrétienne, bien
« qu'elle s'appuie avant tout sur ces dispositions
« intérieures, qui seules la rendent efficace,

« n'en est pas moins dans sa plénitude la ren-
« contre de deux classes de faits d'ordre diffé-
« rents. L'œuvre de Dieu, dans les âmes, a pour
« condition et pour moyen une œuvre de Dieu
« extérieure à l'individu. Cette œuvre de Dieu
« extérieure à l'individu est l'objet de la foi, et
« la notion même de la foi s'évanouit lorsqu'on
« la dépouille d'un objet extérieur. C'est parce
« que Jésus-Christ est venu dans le monde qu'il
« y a des chrétiens. Or, si la venue au monde
« de Jésus-Christ devient le principe d'où dé-
« coule l'état de l'âme du croyant, elle ne sau-
« rait être confondue avec cet état; c'est un
« fait qui agit sur la conscience, en devenant
« l'objet de la foi, mais qui s'est accompli hors
« de la conscience. La religion positive se com-
« pose donc de deux éléments parfaitement dis-
« tincts, bien qu'intimement unis : un *senti-*
« *ment*, personnel de sa nature ; et une *croyance*
« qui transporte l'âme hors d'elle-même, la
« plaçant en face d'une intervention de Dieu et
« de toutes les conséquences qui en résultent.
« Le sentiment sans doute incline l'âme à la
« croyance, de même que la croyance est à son

« tour l'origine de sentiments nouveaux ; mais
« tout ne se borne pas à des phénomènes pure-
« ment intérieurs. L'homme qui accepte la
« réalité de la révélation divine se trouve placé,
« par sa croyance même, en présence d'un en-
« semble de vérités et de promesses qui s'impo-
« sent à l'adhésion de son esprit, indépendam-
« ment des phases diverses du sentiment
« proprement dit. Les vérités chrétiennes
« agissent sur moi avec une intensité dont le
« degré varie, mais, au sein même de cette
« variation, je continue à savoir que ce sont
« des vérités ; elles ne cessent jamais d'être à
« mes yeux une *autorité légitime.*

« On ne peut supprimer l'un de ces deux
« éléments, l'un extérieur, l'autre interne, sans
« que les bases de la vie religieuse en soient
« profondément ébranlées. La valeur du fait
« intérieur est-elle méconnue? Il ne reste
« qu'une croyance pure, qui ne sort pas de la
« région de l'intelligence et ne saurait agir sur
« la vie pour la transformer. Concentre-t-on
« toute la religion dans les seuls sentiments de
« l'âme, en supprimant la croyance? Une sorte

« de vague mysticisme qui repose tout entier « sur des états individuels et passagers, prend « la place de la foi. Les sentiments, et même « les plus élevés, sont mobiles et variables par « leur nature; on ne peut rien construire de « fixe sur un terrain aussi mouvant; chez celui « qui ne croit qu'en raison de ce qu'il éprouve, « un ralentissement de zèle devient un doute, « la froideur de l'âme est presque une négation, « et la vérité, flottant au gré d'impressions fu- « gitives, ne peut devenir l'objet d'une convic- « tion proprement dite [1]. »

On ne saurait mieux décrire la nécessité des deux éléments subjectifs et objectifs, intérieur et extérieur, dans le Christianisme; et, en particulier, la nécessité d'un Christianisme extérieur, œuvre de Dieu dans le monde, posé en face de l'âme pour être l'objet de sa croyance et l'aliment de sa vie, sans subir ses modifications. Or, c'est ce que n'avait pas vu Maine de Biran, à force d'être absorbé dans l'observation de l'élément interne.

Ainsi, deux lacunes considérables dans la re-

[1] *Vie de Maine de Biran*, p. 105 et 106.

ligion de M. de Biran : 1° Il n'avait pas le sentiment de la coulpe et de la nécessité du pardon ; 2° il ne tenait pas compte de l'intervention sensible de la Divinité dans les destinées historiques de ce monde. En un mot, il manquait de croyance à la Rédemption et à l'Incarnation.

On se demande comment deux vues aussi essentielles, deux points aussi cardinaux du Christianisme faisant défaut dans la conception de M. de Biran, cette conception pouvait être chrétienne. Elle l'était cependant, nous l'avons vu, à un degré éminent ; mais seulement dans tout ce qui touche à la situation intérieure de l'esprit et de la volonté par rapport à une lumière et à une vertu supra-rationnelles, nécessaires pour vivifier l'âme d'une vie supérieure, qui, en se la soumettant, l'affranchit de la mobilité de la vie extérieure et de la servitude des sens. C'est là, en effet, le fruit le plus consommé du Christianisme que M. de Biran avait découvert, analysé et décrit presque à l'égal des mystiques les plus avancés. Mais, chose singulière ! il avait, en cela, commencé par la fin, sans tenir compte des moyens : il prétendait au sanctuaire de la vérité, sans avoir passé par la nef et par les porches de la foi. Il parlait comme l'*Imitation*, et il ignorait le catéchisme. Haletant après le fruit de vie, il voulait le savourer sans l'obtenir, sans le demander à la branche qui le porte et à la tige qui le produit. Aussi son supplice était celui de Tantale. Il s'élançait sans cesse vers l'objet envié de ses désirs, et sans cesse retombait au dedans de lui-même. Il s'élevait au-dessus de la vie des sens, au-dessus de la vie de la raison, se détachait, il sortait, autant qu'il le pouvait, de lui-même ; il invoquait à grands cris l'Esprit de vie, et cet Esprit se refusait à ses aspirations, le tentait sans le satisfaire, et allumait son ardeur sans l'assouvir.

Quel témoignage du besoin religieux et surnaturel de l'âme humaine! Mais quel témoignage aussi de l'absolue nécessité des conditions auxquelles Dieu a mis la satisfaction de ce besoin!

Ces conditions, quelles sont-elles donc?

C'est ici le secret de la vie.

Dieu qui, pour nous retirer de la servitude des sens, et de la stérile agitation de l'intelligence dans le cercle des choses créées, nous appelle à la vie d'en haut, à sa propre vie éternelle et immuable, pour laquelle il nous a faits, n'a pas voulu nous élever immédiatement à cette participation de son Esprit. Il a voulu nous faire passer pour y arriver par un ordre extérieur et sensible, nous faire repasser, en quelque sorte, pour revenir à lui, par cette voie des sens, par laquelle nous nous en étions éloignés. Il l'a voulu par diverses grandes raisons qu'il nous a fait connaître, dont la principale est tout à la fois d'humilier l'esprit et de sanctifier la chair : l'esprit, foyer d'orgueil; la chair, foyer de concupiscence : deux maux dont l'homme est profondément atteint depuis la chute, et qui s'aggravent réciproquement. C'est pourquoi Dieu lui-même, voulant se faire notre modèle et notre remède, s'est assujetti le premier à cette condition. Du haut de sa nature divine et impassible, il est descendu : *le Verbe s'est fait chair*, pour constituer, dans cette chair et par cette chair qu'il a prise, cet ordre sensible par lequel il a voulu nous élever à son esprit. Aussi, après l'avoir prise, l'a-t-il immolée en holocauste, et nous l'a-t-il laissée en sacrement, comme le prix, l'aliment et le gage de notre immôrtalité. Par cette extension sacramentelle de son humanité, il a perpétué et universalisé la source de ses grâces, ouverte sur la croix, et il en a distribué les écoulements spirituels en plusieurs canaux sensibles comme la source, en rapport avec les divers états de la vie humaine, et qui constituent les *Sacrements*. Enfin, soit pour la dispensation de ce patrimoine de ses grâces, soit pour la promulgation et la garde de sa doctrine, il a institué l'Église exécutrice testamentaire de sa charité et de sa vérité, organe de sa vie et de sa parole, Mère de la société universelle des fidèles qui composent le corps mystique dont il est le chef.

Tel est le revêtement extérieur et sensible de la vie spirituelle et divine à laquelle nous sommes appelés, et comme le voile sous lequel l'Invisible a voulu se donner à nous et nous unir à lui. C'est par là qu'il nous faut passer. Vainement, donc, nous adresserions-nous à Dieu considéré en lui-même ; vainement encore au Médiateur considéré comme Dieu : ce n'est que par Dieu fait *chair*, ce n'est que par Jésus-Christ *homme* que nous pouvons parvenir à la vie spirituelle et divine à laquelle nous aspirons.

Écoutez un maître et un sage sur ce sujet :

« La guérison de nos âmes, dit Nicole, ne
« s'opère pas par la foi en Dieu considéré en
« lui-même, mais par la foi de Dieu revêtu de
« notre chair. On ne va à Dieu que par Jésus-
« Christ homme. On ne guérit de ses maladies
« qu'ayant recours à Jésus-Christ homme.
« C'est un degré nécessaire et sans lequel on ne
« saurait passer de la mort à la vie. On n'en-
« tend la voix de Dieu que par le Verbe in-
« carné. L'homme devenu charnel, et plongé
« dans la chair par sa chute et par son péché,
« ne s'en relève que par la chair toute pure de
« Jésus-Christ qui le rapproche de Dieu. C'est
« l'économie de la sagesse de Dieu à laquelle il
« se faut assujettir. Autrement, c'est vouloir
« arriver à Dieu sans médiateur : c'est renoncer
« à l'incarnation de son Fils, c'est se croire
« plus sage que lui, et prétendre se sauver par
« une autre voie que par la sienne. Gardons-
« nous de toutes ces spiritualités déréglées, qui,
« sous prétexte d'attacher l'âme à Dieu seul, la
« séparent de Jésus-Christ, et prétendent s'unir

« à lui par une autre voie que par celle de Jé-
« sus-Christ *homme*[1]. »

C'est à l'ignorance de cette capitale vérité que Maine de Biran a dû de posséder en vain toutes les autres, et de rester pauvre et affamé aux sources mêmes de l'abondance et de la vie. Il voulait communier à l'esprit sans *le corps* de la vérité; et ce n'est que par le *corps* qu'on vient à l'esprit. S'il en était autrement, l'Incarnation du Verbe eût été vaine : cette divine Incarnation n'ayant eu d'autre objet que d'accommoder la vie et la sagesse sous un mode *sensible* approprié à notre état. « Il a offert sa *chair* aux Sages, dit « saint Bernard, sa *chair* par laquelle ils ap- « prendraient la sagesse et ce qui est esprit. » *Obtulit* CARNEM *sapientibus,* CARNEM *per quam discerent sapere et spiritum*[2].

---

[1] *Essais de morale,* 11ᵉ dimanche après la Pentecôte.
[2] Sermo VI, in Cantica.

Ce n'est pas que Maine de Biran ne reconnût lui-même là nécessité d'un élément *objectif,* d'un point d'appui, non-seulement supérieur, mais *extérieur* au *moi;* il en parle, au contraire, à chaque instant, et d'autant plus souvent que cet élément lui manquait; mais telle était la disposition subjective et psychologique de son esprit, que ce qu'il appelait extérieur, physique même, n'était encore qu'intérieur et

Maine de Biran a refait, sans le savoir, l'expérience déjà faite par un autre grand esprit, dont la similitude de vue, de tentative et d'issue avec lui l'honore extrêmement, et nous offre un rapprochement des plus curieux et des plus féconds.

Je veux parler de saint Augustin. Ce vaste et beau génie, en qui tous les dons ont été mis à toutes les expériences, avait conçu l'anthropologie dans les mêmes conditions que M. de Biran ; c'est-à-dire, comme nous l'avons exposé, sous la notion expérimentale de trois vies en

spirituel : par exemple, lorsque, parlant de la disposition religieuse, il dit : « C'est cette disposition, qui paraît spon-
« tanée ou dépendante de certaines conditions organiques,
« qui est ce qu'il y aurait de plus essentiel à cultiver en
« nous, si nous pouvions en connaître les *moyens*... Il y a
« un *régime physique* comme un régime moral qui s'y ap-
« proprie : *la prière, les exercices spirituels, la vie contem-*
« *plative* ouvrent ce sens supérieur, développent cette face
« de notre âme tournée vers les choses du ciel... » Ou bien encore lorsqu'il dit : « Il est impossible de nier au vrai
« croyant ce qu'il éprouve en lui-même, ce qu'il appelle
« les effets de la grâce, lorsqu'il trouve son repos et toute
« la paix de son âme dans l'intervention de... *certaines*
« *idées* ou ACTES INTELLECTUELS *de foi, d'espérance et d'a-*
« *mour...* » Sans doute *des actes intellectuels, des exercices spirituels, la vie contemplative* sont des *moyens* essentiels

nous : la vie organique des sens qui s'arrête à l'instinct de l'animalité ; — la vie rationnelle de l'intelligence dans ses rapports avec le monde des phénomènes, qui constitue l'homme extérieur ; — et la vie supérieure de l'esprit pur participant de ce monde immuable de perfections invisibles dont Dieu est le centre, et qui constitue l'homme intérieur. C'est une vive joie pour l'esprit que de voir deux intelligences, si distantes par les temps et par les milieux, se rencontrer si justement dans cette science de

de développer en nous le sens divin, mais à la condition de venir s'appuyer sur d'autres moyens extérieurs et sensibles qui dérivent de l'Incarnation et qui nous l'approprient. En un mot, comme Dieu est sorti de lui-même, nous devons sortir de nous-même ; comme il s'est fait notre chair, nous devons nous faire sa chair. Nous devons renaître, non-seulement du *Saint-Esprit*, mais de l'*Eau*, et des autres éléments *physiques* qui forment la *matière organique* des sacrements. — Sans doute cela humilie l'esprit d'assujettir ainsi son plus haut développement à une condition *sensible*, égale pour tous, et dont il ne peut se rendre nul compte psychologique ; ce lui est folie : mais c'est là précisément tout le système chrétien, admirablement conforme à son double but d'élever l'esprit en l'humiliant, de purifier la chair en la consacrant, et de régénérer ainsi tout l'homme dans ce en quoi il est malade et il est gisant.

l'homme, qu'on dirait que les pages du *Journal intime* ne sont que la transposition philosophique des accents inspirés des *Confessions*. Écoutez :

« Et je montai par degrés du corps à l'âme
« qui sent par le corps, et de là à cette faculté
« intérieure à qui le sens corporel annonce la
« présence des objets externes, limite où s'ar-
« rête l'instinct des animaux ; — j'atteignis
« enfin cette puissance raisonnable, juge de
« tous les rapports des sens. — Et voilà que se
« reconnaissant en moi sujette au changement,
« cette puissance s'élève à la pure intelligence,
« emmène sa pensée loin des troublantes dis-
« tractions de l'habitude et de la fantaisie,
« pour découvrir quelle est la lumière qui
« l'inonde quand elle déclare hautement l'im-
« muable préférable au muable. Et cet immua-
« ble, d'où le connaît-elle ? Que si elle n'en avait
« nulle connaissance, elle ne le préférerait pas
« au muable ; elle n'atteindrait pas jusqu'à ce
« rayon de gloire qui n'est saisi que par notre
« tremblant coup d'œil. — Alors vos perfec-
« tions invisibles se dévoilèrent à moi ; mais

« je n'y pus fixer mon regard émoussé; et,
« rendu par la défaillance de mon infirmité à la
« vie commune, il ne me restait plus qu'un
« amoureux souvenir, et le supplice de ne
« pouvoir goûter au fruit dont le parfum m'avait
« séduit [1]. »

Ce noble supplice a été celui de M. de Biran, comme il fut celui d'Augustin. A tous deux la force de l'esprit ne servit qu'à en éprouver la faiblesse et qu'à en faire le tourment, en les faisant atteindre par la vue à ce qu'ils ne pouvaient saisir par la possession. Mais, plus heureux que M. de Biran, à qui cette consolation ne fut donnée qu'à la mort, Augustin découvrit bientôt le secret de la force qui lui manquait, et il le décrit, dans le chapitre suivant de ses *Confessions*, avec un éclat de sentiment que la vérité seule a pu donner à son langage.

« Et je cherchais la voie où l'on trouve la
« force pour jouir de vous; et je ne la trouvai
« pas que je n'eusse embrassé le Médiateur de
« Dieu et des hommes, Jésus-Christ *homme*,
« qui est Dieu béni au-dessus de tout dans tous

[1] *Confessions*, liv. VII, chap. xvii.

« les siècles, nous appelant et nous disant : *Je*
« *suis la voie, et la vérité, et la vie* : nourriture
« trop forte pour notre faiblesse, qui est venue
« se mélanger à notre chair. C'est pourquoi le
« Verbe s'est fait chair, afin que votre sagesse,
« par qui vous avez tout créé, devînt le lait de
« notre enfance. — Et je n'étais pas humble
« pour connaître mon humble Maître Jésus-
« Christ, et de quel profond enseignement son
« infirmité était maîtresse. Car votre Verbe, l'é-
« ternelle vérité, planant infiniment au-dessus
« des dernières cimes de votre création, et éle-
« vant à soi les infériorités soumises, a daigné
« descendre dans les basses régions, et s'y bâ-
« tir de notre boue une humble masure, pour
« faire tomber du haut d'eux-mêmes ceux qu'il
« voulait réduire et les amener à lui, guéris-
« sant l'enflure de l'orgueil et nourrissant l'a-
« mour. Il a voulu que la confiance en eux-
« mêmes cessât de les égarer, qu'ils fussent
« ramenés au sentiment de leur infirmité, en
« voyant à leurs pieds, devenu infirme par l'en-
« dossement de notre robe de peau, la Divinité
« même, et que, dans leur lassitude, ils se cou-

« chassent sur elle, pour qu'elle les enlevàt avec
« elle en se relevant [1]. »

Voilà ce qui a manqué à M. de Biran ; et disons-le, ce que la religion seule d'Augustin, ce que le Catholicisme seul a pu lui apporter à sa dernière heure. Car, — que nos frères séparés, que tous les chrétiens spéculatifs le remarquent bien, — si le Verbe fait chair, après les quelques jours de son passage parmi les hommes, fût rentré dans l'invisible et inaccessible grandeur de sa Divinité, sans rien nous laisser de lui sur la terre, comment pourrions-nous trouver dans son humanité ce remède à notre orgueil et à notre faiblesse qu'il a voulu nous donner en la prenant? Comment sa chair pourrait-elle être en nous le levain de son esprit, le lait de sa sagesse, accommodée à notre infirmité? Comment pourrait se vérifier ce qu'il a proclamé lui-même d'une manière si absolue et si générale, en parlant à l'avenir : « Je suis le Pain vivant,
« descendu du ciel... Celui qui mangera de ce
« Pain vivra, et le Pain que je donnerai, c'est
« ma chair. Oui, je vous le dis et je vous en as-

[1] *Confessions*, liv. VII, chap. XVIII.

« sure; si vous ne mangez la chair du Fils de
« l'homme et ne buvez son sang, vous n'aurez
« pas la vie en vous; car ma chair est vraiment
« viande, et mon sang est vraiment breu-
« vage... [1] ». Paroles qui ne souffrent aucune
composition avec la résistance qu'elles soulèvent,
comme leur répétition avec affirmation, par Jésus-Christ aux Juifs qui refusaient de les prendre
à la lettre, le fait bien voir; paroles que justifient si prodigieusement les merveilles de vertu,
de charité et de vie que leur croyance opère
dans les âmes et dans le monde, jusqu'à faire
dire à un protestant : « La croyance à la *Pré-
« sence réelle* est, par rapport au monde moral,
« ce qu'est le soleil par rapport au monde phy-
« sique : *Illuminans omnes homines* [2] ».

Lorsque M. Ernest Naville, avec une justesse
de vue que nous avons appréciée, a si bien dit
que « l'œuvre de Dieu dans les âmes a pour
« condition et pour moyen une œuvre de Dieu
« *extérieure* à l'individu, objet de la foi dont la
« notion même s'évanouit lorsqu'on la dépouille

---

[1] Jean, ch. vii.
[2] Fitz William. *Lettres d'Atticus*, p. 194.

« d'un objet extérieur ; — qu'une sorte de va-
« gue mysticisme, reposant tout entier sur des
« *états individuels* et passagers, prend la place
« de la foi chez celui qui ne croit *qu'en raison*
« *de ce qu'il éprouve* au dedans de lui-même,
« sans *règle fixe en dehors de lui,* » et lorsqu'il
a fait ressortir que « le défaut de cet élément
« *objectif*, dans la religion *toute subjective* de
« M. de Biran, a été la cause de son impuis-
« sance à arriver à un état de foi, » qu'a-t-il
fait autre chose que justifier le Catholicisme : le
Catholicisme qui, soit par la *Règle fixe* de son
enseignement extérieur pour l'esprit, soit par
la *Présence réelle* au sacrement de nos autels
pour le cœur, offre au plus haut degré cet *élément* OBJECTIF, *condition et moyen de l'œuvre de
Dieu dans les âmes?*

Où trouve-t-on cet élément en dehors du Catholicisme? Le protestantisme en est évidemment
dépourvu. Qu'a-t-il en effet qui en tienne lieu? la
Bible? mais si ce saint livre est un objet extérieur
pour les yeux du corps, il ne l'est nullement pour
les yeux de l'esprit et eu égard à l'œuvre de Dieu
dans les âmes. Il tombe, en effet, sans résistance

possible, sous le jugement *subjectif* et individuel de chaque protestant qui le conforme à sa manière de voir au lieu d'y conformer celle-ci ; il subit tous les états individuels qu'il devrait dominer, toutes les fluctuations qu'il devrait régler : que dis-je ? il les autorise, il les consacre ; et, comme une digue qui cède sous le flot qu'elle devrait contenir, il en grossit les divagations de ses débris confondus avec leurs caprices. La Bible, dépourvue de sauvegarde et livrée au sens individuel, dégénère donc par le fait en élément subjectif. Le protestantisme est une religion tout individuelle et subjective : la foi n'y a pas de règle *fixe* au dehors, d'objet extérieur à l'individu, d'*élément objectif;* et par conséquent ce n'est qu'un fantôme de foi et de religion [1].

Le Catholicisme seul remplit donc les conditions de la foi si bien définies par M. Ernest Naville, et,

[1] C'est ce qui a fait dire à un protestant : « Il faut nécessairement admettre que la Divinité, qui aurait donné une révélation à l'homme, aurait dû songer aussi à empêcher que le sens de cette révélation ne fût pas abandonné à l'arbitraire d'un jugement *subjectif.*» C'est pourquoi ne voyant pas ce caractère de divine sagesse dans le Christianisme, il ne voit dans son auteur qu'un *Sage bienfaisant.* (Standlin, *Magasin de l'Histoire de la Religion*, 3ᵉ partie, p. 83.

par son enseignement comme par son sacrement, il peut seul soutenir ce rapport de vérité et de vie extérieur à l'individu qui constitue la religion, et qui manquait à l'âme de Maine de Biran.

Et ce que nous avons dit du sacrement par excellence, à cet égard, de la *Présence réelle*, nous pourrions le dire de celui de la *Pénitence;* sacrement souverain pour soutenir, aussi, le rapport extérieur de la volonté avec la loi du devoir; pour donner tout à la fois à l'âme ce sentiment de la culpabilité humaine qui manquait encore à M. de Biran, et cette paix profondément justifiée qu'inspire l'acte solennel d'une réconciliation.

Tous les autres sacrements, tous les rites, toutes les pratiques de foi et de piété qui composent le Catholicisme, et que pénètre la grâce du Rédempteur *réellement* présent dans ses sanctuaires, sont ainsi éminemment propres, par leur caractère tout à la fois sensible et mystique, et par l'humilité publique qu'exige leur profession, à *faire tomber du haut d'eux-mêmes*, comme dit saint Augustin, les esprits vains, à guérir l'enflure de leur orgueil, à les ramener au sentiment de leur infirmité, à les incliner, en un mot, à l'humanité du Verbe, à ses souffrances, à ses ignominies, à la folie de sa crèche et de sa croix, pour les relever, par la vertu des grâces qui découlent de ces sacrements et de ces mystères, à toute la sagesse, à toute la force, à toute la gloire et à toute la béatitude de sa Divinité.

Le Christianisme ne fonctionne réellement que dans le Catholicisme. Là seulement il relève les âmes, parce que là seulement il les abaisse ; là seulement il les fixe, parce que là seulement il les plie ; là seulement il les fait renaître et il les transfigure, parce que là seulement il les crucifie et il les fait mourir. Si tel est en effet le divin procédé du Christianisme modelé sur son Chef (ce qu'on ne peut méconnaître sans le renier), il faut confesser que ce qu'on reproche le plus au Catholicisme est précisément ce qui le recommande au plus haut point.

C'est ce que voulait dire Pascal par cette profonde parole à son Incrédule : *Faites dire des messes, prenez de l'eau bénite ; cela vous* ABÊTIRA.

Ce mot a soulevé chez les philosophes une

tempête d'indignation, dans laquelle nous n'avons admiré qu'une chose : c'est à quel point des hommes d'esprit peuvent en manquer, à propos d'un mot où ils se piquent précisément d'en défendre le privilége. Comment ces philosophes si pénétrants, ces critiques si fins et si entendus, qui connaissent si bien le dessous des choses, ont-ils été se heurter contre la lettre de cette pensée de Pascal sans voir l'antiphrase qui est manifestement dans son esprit? Que fallait-il cependant pour cela que lire le passage où le mot se trouve, et dans lequel son vrai sens vient se refléter. Que répond en effet, après le discours de Pascal, l'Incrédule auquel il s'adresse et qui représente les philosophes? est-il révolté comme eux de ce discours? « Oh! ce discours « *me transporte* et *me ravit,* » s'écrie-t-il. Et Pascal reprend : — « Si ce discours *vous platt*
« *et vous semble fort,* sachez qu'il est fait par
« un homme qui s'est mis à genoux aupara-
« vant et après pour prier cet Être infini et sans
« parties, auquel il soumet tout le sien, de se
« soumettre aussi le vôtre, et qu'ainsi la force
« s'accorde avec cette *bassesse.* »

C'est donc de cette bassesse que Pascal entendait parler, par ce mot *abêtir;* de cette bassesse qui *s'accorde avec la force*, qui lui inspire ce *ravissant* discours, et qu'il ne propose à l'incrédule qu'après s'y être lui-même assujetti, donnant ainsi pour gage de sa parole son *effrayant génie*, bien suffisant, ce me semble, à la relever. Qui ne voudrait, en effet, être abêti comme ce *géant, ce vainqueur de tant d'esprits,* ainsi que l'appelait Voltaire.

Et encore, si grande que soit cette mesure, n'est-elle pas celle qui est proposée au plus humble des chrétiens. Ce n'est pas à la taille de Pascal qu'il est appelé, c'est à celle d'un plus haut vainqueur, à la taille de l'Homme-Dieu, de Jésus-Christ, sagesse éternelle, qui le premier s'est abaissé, s'est abêti, *exinanivit semetipsum*, et par là s'est élevé, dans son humanité et dans celle de ses membres, à toute la hauteur de sa Divinité.

C'est là le mystère que le grand Paul jetait à la face du monde païen, lorsqu'il lui criait : « Que celui qui est réputé sage parmi vous se « fasse *fou* pour devenir sage... Car, comme le

« genre humain s'était perdu par la sagesse, « il a plu à Dieu de le sauver par la *folie*, » parlant ainsi, avec une apostolique crudité, le langage même de ceux qu'il voulait prendre par leur sens renversé, pour les redresser à un sens supérieur; car, disait-il : « L'homme animal « n'est point capable des choses qui sont de « l'Esprit de Dieu : elles lui sont folie, et il ne « les peut comprendre, parce que c'est par une « lumière spirituelle qu'il en faut juger [1]. »

Il faudrait plaindre ceux qui, après dix-huit siècles de déploiement de cette grande *lumière* dans le monde, en seraient encore, eux aussi, à ne pas comprendre la parole de saint Paul et de Pascal, ou plutôt il faudrait les presser d'en éprouver la salutaire profondeur en se faisant fous de la divine folie, *en prenant de l'eau bénite*, en ne se bornant pas à un Christianisme spéculatif et intérieur, ou même biblique, mais en y mêlant la pratique extérieure de la foi commune à tous les chrétiens, en allant puiser cette foi aux fontaines publiques du Sauveur, aux *Sacrements* qui la répandent. « Il faut que cet

---

[1] Ad Corinth., II, 14.

« extérieur soit joint à l'intérieur, dit très-sen-
« sément Pascal, pour obtenir de Dieu..., c'est-
« à-dire que l'on se mette à genoux, prie des
« lèvres, etc., etc., afin que l'homme orgueil-
« leux qui n'a voulu se soumettre à Dieu, soit
« maintenant soumis à la créature. Attendre de
« cet extérieur le secours est superstition ; ne
« vouloir pas le joindre à l'intérieur est être
« superbe. »

Aussi, plus on est élevé par l'esprit, plus on doit s'abaisser en religion par la coutume, plus on doit faire comme tout le monde, plus on doit fouler aux pieds le sot orgueil par une sagesse supérieure à cet esprit qui nous y expose, sagesse qui jaillit en nous de nos abaissements jusqu'à la hauteur de sa source. « Les esprits supé-
« rieurs, dit M$^{me}$ de Staël, ont encore besoin de
« plus de piété que le peuple. »

Si l'on savait de combien de lumière et de sagesse, de combien de force et de grandeur en nous cet orgueil est l'obstacle et l'ennemi; de combien d'aveuglement, d'impuissance et de basse servitude il est l'auteur et le tyran, on comprendrait que le divin Réparateur de la nature humaine soit venu écraser le monstre de tout le poids de son anéantissement, et on embrasserait avec transport la sainte discipline par laquelle il a voulu nous associer à sa victoire.

L'incrédulité de grand nombre d'âmes de ce temps n'a pas d'autre cause. Ce ne sont pas les preuves qui manquent : elles éblouissent; il y en a trop; mais c'est l'œil qui est dans un faux jour, le faux jour de la concupiscence et de l'orgueil. Aussi, jamais les preuves *seules,* ces preuves accablantes et invincibles dont le Christianisme est armé, n'ont fait croire; on peut dire même, en un sens, qu'elles ne sont pas faites pour cela. « Notre religion est sage et folle, dit
« encore Pascal : sage, parce qu'elle est la plus
« savante et la plus fondée en miracles, prophé-
« ties, etc.; folle, parce que ce n'est point tout
« cela qui fait qu'on en est. Cela fait bien con-
« damner ceux qui n'en sont pas; mais non
« pas croire ceux qui en sont : ce qui fait croire,
« c'est la croix et sa *folie.* »

Sans doute, les preuves prédisposent à croire; mais là se borne leur puissance : entre l'ébranlement qu'elles donnent et la foi, il faut un tout autre agent, sans lequel elles n'aboutiraient jamais, et qui opère seul en un instant ce qu'elles sont impuissantes à obtenir durant toute une vie : c'est la grâce de Jésus-Christ, attachée à la soumission de l'esprit et à la mortification du cœur dans les actes sacramentels du Christianisme.

Maine de Biran était fait pour comprendre ces choses plus que qui que ce soit. Il est allé aussi avant qu'on puisse aller dans cette direction : il a même dépassé toutes les limites de l'esprit humain à la recherche de l'esprit de Dieu, de cette troisième vie qu'il appelait par tant d'aspirations et tant d'efforts. Il en a découvert les conditions les plus élevées et les plus secrètes : et cependant il n'arrivait pas ; et, après trente ans d'efforts, de persistance et de labeur, comme il ne s'en vit jamais, il ne pouvait atteindre à l'objet de son ardeur, à son bien, à son Dieu : et il a fallu que ce Dieu vînt à lui, comme à un simple homme, dans cette chair prise et immolée pour nous, et sous l'apparence de ce PAIN qui confond et qui vivifie.

Qui peut se flatter, après cela, de pouvoir arriver à la vie et à la paix de Dieu autrement que par cette commune condition de la foi catholique; qui peut se borner à la philosophie religieuse, au christianisme spéculatif ou intérieur, à la prière et aux actes, même, de la moralité chrétienne, en un mot, à la religiosité évangélique? Si ces conditions eussent jamais dû suffire, c'eût été assurément dans une âme aussi éclairée et aussi appliquée que celle de Maine de Biran.

Les impuissances, les douleurs, les tourments de cette âme déposent donc en faveur de la vérité du Christianisme objectif et catholique. Elles justifient cette grande parole, que *nul ne peut poser un autre fondement que celui qui a été posé* : Jésus-Christ; et que celui que Jésus-Christ lui-même a posé : son Église.

Voilà ce que Maine de Biran nous enseigne par ce qu'il a omis de faire.

# CHAPITRE CINQUIÈME

### CONCLUSION

Ainsi deux grands enseignements sortent du *Journal intime* : l'un résultant de ce que Maine de Biran a fait, l'autre, de ce qu'il a omis de faire ; l'un s'adressant aux philosophes, l'autre s'adressant aux chrétiens.

Il importe de les rassembler et de fixer les conclusions de cette étude.

En ce qui concerne les philosophes, le résultat et la méthode du *Journal intime* sont à considérer et à méditer.

Quant au résultat, le témoignage de Maine de Biran est unique, peut-être, avec celui que nous offre la destinée de saint Augustin. Non qu'il n'y ait eu et qu'il n'y aura toujours nombre d'âmes faisant la même expérience ; mais parce que nous n'en connaissons pas qui nous ait laissé de monument aussi mémorable de cette expérience, que le *Journal intime* et les immortelles *Confessions;* avec cette différence que les *Confessions* racontent des états passés, et que le *Journal intime* expose des états présents, au fur et à mesure qu'ils se succèdent, et nous fait assister à l'enfantement douloureux de la vérité par une âme.

Or, le grand enseignement qui en ressort est celui-ci : non pas que le Christianisme est la vérité ; ce qui était déjà établi sur un monde de preuves; mais que LA VÉRITÉ EST LE CHRISTIANISME; que cette vérité, que ce bien par excellence, que cette beauté que l'âme humaine va quêtant et poursuivant à travers tant d'illusions et de déceptions, de dégoûts et d'inquiétudes, et qu'elle manque si souvent en se précipitant sur ses vaines et impures images, est la vérité, le bien, le beau que nous a révélés le Christianisme, et dont lui seul nous met en possession.

Tous les autres philosophes chrétiens ont montré que le Christianisme est la vérité. C'étaient des apologistes. Déjà chrétiens, ils ne cherchaient pas réellement la vérité : ils l'avaient ; ils s'appliquaient seulement à la justifier : ainsi Malebranche, Pascal, Leibnitz, Descartes. Alors même que, comme celui-ci, ils font plus ou moins le vide autour de leur esprit, et se placent dans le doute, ce n'est qu'une affaire de *méthode;* mais, au fond, ils tiennent en réserve ce qu'ils ont l'air de chercher ; et on le sent bien au calme savant de cette prétendue recherche. Cette recherche est lumineuse et concluante par la beauté et la richesse des aperçus qui éclairent les rapports du Christianisme avec l'esprit humain, de la foi avec la raison ; mais elle n'est pas proprement *expérimentale* : je le répète, ils prouvent que le Christianisme, qu'ils croient déjà, est la vérité.

Mais, ici, voici une intelligence qui part de l'extrémité opposée ; une âme qui naît dans la nuit, dans le vide absolu de toute foi et de toute vérité ; un vrai Descartes, en qui tout, jusqu'à la notion de son propre *moi,* est effacé ; et qui du fond de cette grande ruine, d'autant plus grande qu'elle n'est pas seulement individuelle,

mais sociale, et qu'il ne trouve où se prendre nulle part autour de lui, est travaillé d'un besoin sourd, vague et instinctif de vérité ; qui entreprend de découvrir cette vérité dont il n'a que le pressentiment, avec une force de raison étonnante, et avec une conscience qu'attestent ses angoisses et ses tourments. Il met trente ans à ce labeur. Il ferme les yeux à toute lumière du dehors, et ne consulte que la nature, les tendances et les suggestions intérieures de son âme haletante après son bien. Et ce bien, et cette vérité qu'il découvre peu à peu, qu'il contrôle à chaque pas, qu'il expérimente à mesure par la double épreuve du sentiment et de la raison, et qu'il n'admet que sur les plus savantes et les plus vivantes garanties, se trouve être... le Christianisme ; — le Christianisme qui « RÉSOUT
« SEUL LES PROBLÈMES QUE LA PHILOSOPHIE
« POSE; qui SEUL nous apprend où est la vérité,
« la réalité absolue des choses que nous dérobent les passions, ou même cette raison artificielle et de convention qui est en nous la
« source d'une illusion perpétuelle ; — le Christianisme qui révèle à l'homme le secret de sa

# CONCLUSION.

« faiblesse que la philosophie tend à lui cacher,
« et SEUL lui apprend où il trouve une force
« pour la dominer; — le Christianisme enfin
« qui SEUL explique le mystère de notre nature,
« et SEUL révèle à l'homme une TROISIÈME VIE
« supérieure à celle de la raison ou de la vo-
« lonté [1]. »

Quel résultat plus frappant et plus concluant! Quel témoignage plus fait pour être opposé et médité!

Et combien ce témoignage devient-il pénétrant, lorsqu'on ouvre le *Journal intime;* c'est-à-dire cette âme qui s'y est empreinte, et qu'on assiste, jour par jour, à cette grande expérience; lorsqu'on recueille chacune des vérités qui en sortent avec un incomparable accent de naturel et de profondeur, et qu'on y trouve ses propres sentiments, ses propres jugements, sa propre âme, l'âme humaine prophétisant à la fois, et comme identiques, le Christianisme, et la Vérité!

Sans doute, Maine de Biran n'est pas arrivé, dans le *Journal intime*, à l'état achevé de foi chrétienne. Mais, remarquez que cela n'infirme

---

[1] *Journal intime,* passim.

pas la force de son témoignage, et que même cela l'accroît.

Cela ne l'infirme pas, parce que ce n'est par aucun parti pris d'opposition, de résistance, ou même de réserve à l'égard de cette foi qu'il n'y est pas arrivé; mais uniquement par une impuissance naturelle dont nous avons tiré une autre grande leçon. Maine de Biran n'a cessé de tendre à la foi, de s'en approcher de plus en plus ; et, au point où s'arrête le *Journal intime*, cette tendance et ce rapprochement équivalent, comme témoignage, à une conclusion, — sans parler de la conclusion formelle et solennelle que, peu après, nous offre sa mort.

Cela accroît même, avons-nous dit, la force de son témoignage. Si Maine de Biran, en effet, dans le cours de son expérience, fût arrivé à cet état achevé de foi chrétienne qui aurait fait de lui un homme nouveau, la portée de cette expérience aurait été diminuée d'autant aux yeux des philosophes. On aurait attribué à un principe nouveau des vues nouvelles : ce n'eût plus été le témoignage d'une âme *naturellement chrétienne*. Tandis que, par le retard de sa conclusion, l'expérience s'est prolongée et déployée, avec plus de souffrance pour son sujet, mais avec plus de richesse pour la vérité. Il a pu porter plus loin, élever plus haut ce monument de la philosophie gravitant vers la foi. C'est là précisément ce qui nous a valu le *Journal intime*, qui se serait arrêté du jour où Maine de Biran aurait été complétement chrétien.

Tout se trouve donc réuni dans ce grand témoignage pour lui donner une valeur qu'on peut dissimuler, mais qu'on ne peut contester, et qui restera comme un mémorable enseignement de la vérité philosophique de notre foi.

Telle est l'importante leçon que nous offre le résultat du *Journal intime.*

En second lieu, la méthode qui a conduit Maine de Biran à ce résultat, nous offre une autre leçon non moins précieuse.

Cette méthode, caractère moral de la philosophie de Maine de Biran, et de toute vraie philosophie, consiste, comme nous l'avons vu, avant tout, dans la *volonté* de la vérité, comme *criterium*, comme foyer de sa connaissance, où l'intelligence vient s'allumer. Et par la volonté il faut entendre l'*amour* de la vérité. Car, comme le dit supérieurement Maine de Biran, après l'avoir profondément débattu dans ses soirées philosophiques avec les plus grands esprits de son temps, et surtout l'avoir profondément expérimenté dans le travail de ses découvertes : « Toute morale, comme toute religion, com« mence par l'AMOUR. Il ne peut y avoir CON« NAISSANCE du vrai, du bon, du juste, du « devoir, sans amour de ce vrai, de ce bon, de « ce devoir ; et ce sentiment d'amour ou de « complaisance est le principe et la *base* même « de la NOTION morale qui n'existerait point « sans lui, et qui ne peut en être séparée sans se « dénaturer ou se détruire entièrement. »

Et cette volonté ou amour de la vérité, principe et base de sa connaissance, ne doit pas être un amour spéculatif mais *pratique,* une sainte discipline du bien : « Il faut pratiquer, agir « pour le bien et la vertu. Ici, LA PREMIÈRE « CONDITION DE LA SCIENCE ou du travail intel« lectuel profitable, c'est une conduite sage, « vertueuse, bien ordonnée par rapport à Dieu, « aux hommes et à nous-mêmes. »

Là ne se borne pas la méthode philosophique de Maine de Biran : une autre condition essentielle doit venir se joindre à la volonté, à l'amour, à la pratique du bien pour arriver à l'intelligence du vrai : cette condition, c'est LA PRIÈRE. — « Deux conditions, dit-il, 1° *dé-*
« *sirer*, vouloir, faire effort, pour s'élever au
« vrai (par le bien); 2° *prier*, afin que vienne
« l'*Esprit de sagesse* qui n'arrive qu'autant que
« la voie lui est préparée, et qui n'éclaire que
« le sens disposé à recevoir son impression. »

« Je voudrais, » dit-il, ailleurs avec une vérité d'observation qu'admireront tous ceux qui en ont fait l'expérience, « je voudrais considérer
« les effets psychologiques de la prière. Nul
« doute que ce ne soit l'exercice le plus propre
« à modifier l'âme dans son fond, à la soustraire
« aux influences des choses extérieures, et à
« tout ce monde de sensations et de passions
« qui obscurcissent la vérité. En se mettant en
« la présence de Dieu, de cet infini, de ce par-
« fait idéal, l'âme est pénétrée de sentiments
« d'une autre nature que ceux qu'elle nourrit
« ordinairement. Quand la lumière divine com-

« mence à nous éclairer, alors on voit dans la
« vraie lumière ¹ ; il n'y a aucune vérité que
« l'intuition ne saisisse ; les mêmes choses qu'on
« avait entendues cent fois froidement et sans
« fruit, nourrissent l'âme comme d'une manne
« cachée ². »

Quelle admirable philosophie! et comme elle réfléchit sur la prière la lumière même qu'elle en reçoit ³ !

¹ In lumine tuo videbimus lumen.
² *Journal intime*, p. 406.
³ Ces belles observations qui, pour toute âme qui prie, ont l'autorité d'un *fait* psychologique que toute l'incrédulité de celles qui ne prient pas ne saurait ébranler, puisqu'on ne peut en connaître que par l'épreuve, ont été faites par une autre âme revenue d'aussi loin que Maine de Biran, et par un travail analogue. Je veux parler d'Isnard, dont j'ai déjà exposé l'histoire dans mes premières *Études*, d'après le *journal* de son âme, que lui aussi nous a laissé. « Avec un
« cœur plein de zèle et un esprit égaré, dit-il, mais résolu
« de ne prendre de repos qu'après avoir distingué la vérité,
« j'entrepris le long pèlerinage de la pensée. Celui qui m'en
« inspira la résolution m'entretint dans la persévérance. »
— « Je m'aperçus d'abord qu'en matière religieuse, la so-
« lution de la vérité dépend moins de l'effort de notre esprit
« que de la disposition de notre cœur ; que sur ces ques-
« tions, qui tiennent autant au sentiment qu'à l'intelligence,
« l'aveugle raison s'égare et tombe, si elle veut marcher
« seule d'un pas présomptueux ; qu'il faut que la vertu lui

Ainsi, *la volonté, l'amour, la pratique, l'invocation* de la vérité : telle est la méthode philosophique par excellence ; méthode qui se trouve être en même temps celle de la Religion ; et il ne faut pas s'en étonner, puisque la philosophie et la Religion ont un but commun : la vérité, Dieu ; sauf la différence infinie de possession, l'une *ad extra*, l'autre *ad intra*, de ce suprême bien des âmes. « Il y a un accord parfait, à cet égard,
« entre la philosophie et la Religion ; l'une mène
« à l'autre. Les mêmes opérations de l'âme, qui
« conduisent à ce qu'il y a de vrai, de réel, de
« permanent dans les choses, en nous détachant
« des sens qui ne saisissent que des fantômes,

« prête le ferme appui de son bras, et que la *charité* seule
« peut délier le bandeau que le vice et l'erreur retiennent
« sur nos yeux. Je reconnus que, dans la nuit obscure de
« la métaphysique religieuse, LA VÉRITÉ NE SE MONTRE QUE PAR
« ÉCLAIRS qu'il faut saisir, ET COMME UNE FLAMME QUE L'HUMBLE
« PRIÈRE ALLUME, ET QUE L'ORGUEIL ÉTEINT. C'est pourquoi tant
« de personnes sont si peu propres à cultiver cette science,
« tandis qu'elles sont si habiles dans toutes les autres. Je
« COMMENÇAI DONC PAR PRIER, et plus en rapport avec Dieu, je
« devins meilleur, plus calme, PLUS APTE A DISCERNER LA VÉ-
« RITÉ » (de *l'Immortalité de l'âme*. 1802, in-8°). — Quel accord, entre deux âmes qui n'ont pu s'entendre que dans la vérité !

« nous font trouver, à la fin, Dieu, *seule vérité*, « dernière raison des choses, par les mêmes « moyens *anti-sensuels*[1]. »

Ces belles vérités, si convaincantes qu'elles n'ont besoin que d'être énoncées pour recevoir l'assentiment de la raison et de la conscience, sont cependant généralement méconnues par ceux mêmes qui, de nos jours, font profession de penser. Mais que font-ils en cela que justifier ces vérités par contre-épreuve, en allant donner, à travers mille chimères, dans le vide et le néant de toute vérité? C'est ce que nous avons montré, en vengeant la méthode du *Journal intime* de la critique d'une philosophie qui ne fait consister la recherche de la vérité que dans l'opération de l'entendement seul, sans préparation ni participation de la volonté, sans invocation ni intervention de la vérité elle-même, et qui prétend arriver à Dieu, non-seulement sans Dieu, mais sans l'homme. Philosophie malheureuse, qui, pour vouloir exalter la raison, nie la volonté, en lui refusant d'être *la cause en soi* de nos actes; nie la raison elle-même en lui retirant

---

[1] *Journal intime*, p. 402.

le rôle de *faculté* propre au moi ; et fait disparaître la personnalité dans le mysticisme de je ne sais quelle cause impersonnelle elle-même, d'où elle retombe, faute d'appui et de contre-poids, dans toutes les conséquences du matérialisme.

Maine de Biran, de la hauteur où l'élevait une humilité qui rabat leur orgueil, avait bien jugé d'avance l'inanité de ces libres penseurs, lorsqu'il disait d'eux : « Ces braves gens que je vois, qui
« s'occupent de philosophie, veulent tout faire,
« tout voir avec leur esprit, et ils ne voient rien,
« ne saisissent rien que des fantômes... Combien
« se montrent supérieurs ces orateurs sacrés,
« ces hommes si bien et si profondément sa-
« vants, qui, s'ils conçoivent une grande vérité,
« ou parviennent à l'exprimer de cette manière
« qui pénètre ou entraîne les âmes de ceux qui
« les entendent ou qui les lisent, n'attribuent
« ces succès qu'à l'Esprit-Saint, et en rapportent
« toute la gloire à Dieu seul ! Ce n'est que pour
« ces grands hommes que tout n'est pas vanité.
« Que nos *doctrinaires* doivent, en comparai-
« son, nous sembler petits dans leur orgueil [1] ! »

[1] *Journal intime*, p. 422-308.

Et que Maine de Biran nous semble grand dans cet hommage rendu à la supériorité des docteurs et des philosophes chrétiens, et digne d'être rangé lui-même dans leur famille, donnant, par-dessus tous ceux dont il fut le MAITRE, la main à Leibnitz, à Bossuet, à saint Augustin, à Platon', à tous ces grands penseurs et ces grands croyants qui résument les forces et les grandeurs de l'esprit humain en commerce avec la vérité, et qui forment, à travers les âges, la chaîne lumineuse et sainte de la philosophie et de la Religion, de la raison et de la foi !

Ainsi, par sa *méthode,* comme par son *résultat,* la philosophie du *Journal intime* s'élève contre la philosophie séparée de la foi.

Et cette méthode et ce résultat séparément si recommandables, se justifient réciproquement : quelle recommandation, en effet, pour cette méthode d'avoir produit un résultat si éminent, et pour ce résultat d'être sorti d'une méthode aussi pure et aussi sévère !

Telle est la haute leçon que le *Journal intime* envoie aux philosophes.

Il nous faut résumer et conclure maintenant

l'enseignement qu'il adresse aux chrétiens ; j'entends surtout par là ceux qui veulent le devenir.

Isnard avait déjà éprouvé, pour son propre compte, une grande vérité, qui s'applique à Maine de Biran, et qui ressort de chaque page du *Journal intime* :

« Ceux qui, en matière religieuse, avait-il
« dit, ont tant fait une fois que de soumettre
« à l'examen rigide de leur faible raison, ce que
« tant de gens mieux avisés croient, sans même
« y réfléchir, ne peuvent plus trouver *vrai* que
« ce qui leur est assez démontré pour les frap-
« per d'une entière conviction. Il faut alors que
« ces sceptiques restent égarés dans le dédale
« de la métaphysique, ou bien, qu'à force de
« méditation et de philosophie, ils parviennent à
« soulever presque tous les voiles du sanctuaire,
« et à parcourir le cercle entier des connaissan-
« ces religieuses, pour revenir enfin, les yeux
« ouverts et un flambeau à la main, dans le
« même endroit où l'humble foi les avait laissés
« paisiblement, un bandeau sur les yeux. »

Si Maine de Biran avait commencé par où il

a fini, il se serait épargné les trente ans de labeur qui ont fait de sa vie un long supplice, et il aurait goûté, pendant ce temps, le calme et la paix qu'il n'a connus qu'au dernier jour.

Mais ce calme eût été, dira-t-on, le calme de l'ignorance et de l'immobilité de son esprit, sous le bandeau de la foi ? Grande erreur ! Tout ce qu'il a découvert à si grand'peine lui aurait été révélé bien plus clairement ; il aurait palpé, en quelque sorte, cette vérité qu'il n'a fait qu'entrevoir, et il se serait déployé dans sa possession, bien plus qu'il ne l'a fait dans sa poursuite ; il aurait goûté le seul parfait bonheur de l'âme et la solution du grand problème de ses désirs, ce qu'il appelait *l'activité dans le repos*, et ce que l'Église invoque, en nous l'obtenant : IN LABORE REQUIES [1].

Mais au moins ce long travail a-t-il conduit Maine de Biran à cet heureux résultat, et peut-on s'y confier, si on le préfère à l'humble soumission, comme à une autre voie qui conduit au même terme ?

Nullement : et c'est là surtout la grande

[1] Prose ; *Veni Sancte Spiritus.*

leçon que nous tenons à fixer dans les âmes qui veulent la vérité, et qui savent l'entendre. Le fait et le raisonnement se réunissent pour la confirmer :

De fait, Maine de Biran n'est pas arrivé par ce travail de son esprit : nous l'avons vu, avec son honorable biographe. Toutes les pages du *Journal intime* marquent sans doute un progrès incessant vers la vérité chrétienne qui suffit au témoignage de cette vérité, mais qui a été radicalement impuissant à sa conquête. On y sent jusqu'aux dernières lignes, jusqu'au dernier mot une fiévreuse ardeur d'inquiétude et de désir qui exclut la possession. Maine de Biran n'a pas atteint à ce qu'il appelait *fermer son cercle*. Il a fait le tour de la place, de la cité de la vérité ; il en a reconnu et salué de loin, avec transport, les lumineuses perspectives ; mais il n'y est pas entré : il est resté sur le seuil ; et il y serait expiré, si la *Vérité* même, la *Vie* à laquelle il aspirait si ardemment ne se fût fait sa *Voie*, et ne fût venue, de l'inaccessible hauteur de son trône, le ramasser et l'élever, dans son impuissance et dans sa misère.

Et ce qui est remarquable, c'est que ce n'est pas dans le cours de son travail que ce céleste secours est venu le délivrer, comme si ce travail eût été plutôt contraire que favorable à son but : ce n'est que lorsque l'épuisement lui a fait tomber la plume des mains, que lorsque les approches de la mort ont fait du grand philosophe un simple homme, qu'il a pu devenir un chrétien. Tout ce qu'on peut dire, c'est que la bonne volonté, la généreuse persistance, le sincère amour de la vérité, son humble invocation, tous les efforts et tous les mérites qu'il a déployés durant son labeur philosophique lui ont attiré la grâce du divin secours, que ce labeur ne pouvait suppléer.

Par le fait, dis-je, il en a été ainsi.

Mais, en principe, il a dû en être ainsi :

Nous l'avons suffisamment développé dans la seconde partie de nos réflexions, au chapitre qui précède ; nous dirons seulement ici, pour resserrer ce grand enseignement en une formule plus rigoureuse :

Que la vérité même, la vie, Dieu, cet unique et suprême bien auquel nous aspirons par toutes les facultés et les puissances de notre être, peut être connu de deux façons extrêmement inégales : l'une *ad extra,* pour parler le langage de l'École, l'autre *ad intra* de son essence.

Quand on a dit que la raison seule, que la naturelle portée de l'esprit humain ne peut atteindre à la connaissance de Dieu, on s'est trompé, si par raison humaine on a entendu la raison *normale,* la raison de l'homme pris dans le *milieu* social, et pourvu de toutes les lumières collectives et traditionnelles qui ont toujours constitué le *patrimoine* du genre humain. Une telle raison, — la seule qu'on puisse proprement appeler raison humaine, — a toujours pu connaître Dieu, et c'est pourquoi l'Apôtre a dit que les païens étaient *inexcusables*, « parce « qu'AYANT CONNU DIEU, ils ne l'ont point glo- « rifié comme Dieu [1]. »

Mais une telle connaissance n'est qu'une connaissance extrinsèque ou *ad extra*, qui tente plutôt qu'elle ne satisfait notre âme, qui la fait graviter autour du foyer de sa vie, s'élancer vers lui, mais sans pouvoir y pénétrer et s'y

[1] Épit. aux Romains, chap. I, vers. 21.

fixer; sans pouvoir *entrer,* comme dit le Psalmiste, *dans les puissances* de la Divinité.

Tous les efforts de l'esprit humain réunis ne pourront jamais franchir ce seuil élevé de la vie. Là expire le génie, la nature : là se rencontrent dans une commune impuissance le plus grand philosophe et le plus humble esprit; si ce n'est que celui-ci étant plus pénétré de cette impuissance, est plus apte à se laisser élever par le divin secours.

Ce grand secours, qui nous fait entrer et reposer en Dieu, c'est la Grace, qui a pour auteur Notre-Seigneur Jésus-Christ.

La grâce, et la religion qui la dispense, constituent un tout autre ordre que la raison et que la philosophie. Cet ordre est radicalement contraire à la nature corrompue, et infiniment au-dessus de la nature dans ce qu'elle a de plus parfait. De là vient qu'on l'appelle *surnaturel.* Toute la raison humaine ne peut produire le moindre effet de grâce ; de même que tout l'instinct de l'animal ne peut produire le moindre effet de raison. C'est pourquoi l'Apôtre appelle l'homme, en dehors de la grâce, *l'homme ani-*

*mal;* c'est-à-dire que l'homme naturel est à la grâce, ce que l'animal est à la raison. C'est cette TROISIÈME VIE dont parle si souvent Maine de Biran, cette vie *intérieure, vie véritable qui consiste à connaître le Père et le Fils qu'il a envoyé* [1], et qui a pour terme la vision, la possession, la jouissance de Dieu lui-même.

On doit comprendre maintenant toute la distance qu'il y a entre la philosophie et la Religion, et l'impossibilité pour celle-là de remplacer celle-ci et de franchir l'infini qui les sépare. Sans doute, l'une et l'autre procurent la connaissance de Dieu; mais l'une en dehors, l'autre en dedans; l'une, par reflet mobile et fugitif dans les créatures ou dans l'esprit humain comme dans un miroir; l'autre, en substance, en réalité et dans son être: l'une a le Dieu abstrait, l'autre le Dieu vivant. Et, pour rappeler le passage de saint Clément d'Alexandrie, cité par Maine de Biran, « il y a une différence essentielle entre
« ce que chacun dit de la vérité, et ce que la
« Vérité dit elle-même. Autre chose est une
« opinion, une idée de la vérité et la VÉRITÉ

[1] Jean, XVII, 3.

« même, comme autre chose est la ressemblance
« d'un objet et cet OBJET même. »

Telle est la différence qui règne entre la meilleure philosophie et la Religion.

Or, les moyens doivent être différents comme la fin, et une fin surnaturelle veut des moyens surnaturels.

Dans l'ordre naturel et philosophique, l'homme va de lui-même à Dieu : dans l'ordre surnaturel et divin, Dieu a dû venir lui-même à l'homme.

Il est venu : le terme s'est fait voie, la vérité s'est faite doctrine, la vie s'est faite nourriture, le Verbe s'est fait chair.

Tel est JÉSUS-CHRIST.

Comme Dieu il est le terme, et comme homme il est la voie qui y conduit : comme Dieu il est la vérité, et comme homme il est le docteur qui l'enseigne : comme Dieu il est la vie, et comme homme il est le pain qui la donne : comme Dieu enfin il est le Verbe, Fils éternel du Père, et comme homme il est notre chair et notre frère qui nous associe à sa céleste filiation.

## CONCLUSION. 243

Et le rapport d'efficacité entre la voie et le terme, la doctrine et la vérité, l'aliment et la vie, la filiation humaine et la filiation divine en Jésus-Christ, nous est garanti par l'unité de sa personne, qui est à la fois le moyen et la fin de notre immortelle destinée ; car quelle voie plus sûre que celle qui est le Terme même ? quelle doctrine plus certaine que celle qui est la Vérité en personne ? quel aliment plus vivifiant que celui qui est la Vie en substance ? quel titre de céleste adoption plus légitime que celui de la filiation même du Verbe passée dans notre chair ?

Quelle philosophie, quel essor de génie et de raison peut approcher de ce moyen de communication avec la vie, et peut s'en dire le *libre allié ?*

Mais, ce que nous voulons surtout dire, c'est que ce moyen n'est pas seulement incomparablement supérieur à tous les autres : il est tout simplement *unique* et *nécessaire*.

Supprimez-le, et vous avez rompu le seul pont jeté sur l'abîme et qui en *relie* les deux bords, le fini et l'infini, le naturel et le surnaturel, l'homme et Dieu : la seule RELIGION.

Il vous restera la philosophie. Mais la philosophie la plus sublime, outre qu'elle est le partage d'un très-petit nombre de philosophes, ne peut dépasser la portée *finie* de leur esprit : elle ne pourra saisir de Dieu que son image, que son reflet, que son idée et non DIEU MÊME; elle ne pourra tout au plus que s'élancer vers lui dans le désespoir de pouvoir jamais l'atteindre, et que s'écrier avec Sénèque : *O la vile chose et abjecte que l'homme, s'il ne s'élève au-dessus de l'humanité!* A quoi le haut bon sens de Montaigne repartira : « Voilà un bon mot et un utile
« désir, mais pareillement absurde ; car de
« faire la poignée plus grande que le poing, la
« brassée plus grande que le bras, et d'espérer
« enjamber plus que de l'estendue de nos jam-
« bes, cela est impossible et monstrueux ; et
« l'est encore que l'homme se monte au-dessus
« de soy et de l'humanité ; car il ne peut voir
« que de ses yeux, ni saisir que de ses prinses.
« Il s'eslèvera si Dieu lui prête *extraordinaire-*
« *ment* la main ; il s'eslèvera, abandonnant et
« renonçant à ses propres moyens, et se laissant

« haulser et soublever par les moyens *pure-*
« *ment* célestes. C'est à nostre foi chrétienne,
« non à la philosophie, de prétendre à cette di-
« vine et miraculeuse métamorphose [1]. »

Renoncerez-vous à cette noble prétention pour vous borner à cette *chose vile et abjecte* à laquelle un païen ne pouvait se résigner : abdiquerez-vous le céleste héritage pour vous en tenir à la fumée et à la boue des biens mortels? Le plus grand malheur d'une telle dégradation serait de ne la pas sentir ; car ce serait le comble de la perversion d'une nature faite pour Dieu. Que si vous la sentez, quel supplice sera le vôtre, *nuée sans eau promenée çà et là par les vents ; arbre d'automne dont la tige flétrie ne donne pas de fruit ; flot d'une mer en furie rejetant sans cesse l'écume de vos doutes et de vos déceptions ; astre errant, voué à une éternelle tempête de ténèbres hors de l'orbite de la vérité* [2].

Tel est le supplice contre lequel s'est roidi, pendant toute sa vie, Maine de Biran; auquel il

[1] *Essais*, liv. II, chap. xi.
[2] Épître de saint Jude, 12-13.

a infatigablement tendu à se soustraire par tous les efforts de sa puissante raison et de sa droite volonté, sans pouvoir y parvenir, autrement qu'*en abandonnant et renonçant à ses propres moyens, et se laissant haulser et soublever par les moyens purement célestes.*

Maine de Biran nous a ainsi laissé, dans son *Journal intime*, un monument de deux grandes expériences : l'expérience de tout ce que peut la meilleure philosophie, et l'expérience de tout ce qu'elle ne peut pas.

Tout ce qu'elle peut, c'est de deviner le Christianisme intérieur, de reconnaître que la vérité, la vie, la paix, le bien de l'âme sont là ; que lui *seul* a les promesses de la félicité à laquelle nous aspirons, et *résout tous les problèmes que la philosophie pose.*

Ce qu'elle ne peut pas, c'est de se passer du Christianisme extérieur pour participer aux biens du Christianisme intérieur, se passer de la voie pour aller au terme, de la doctrine pour aller à la vérité, du pain vivant pour avoir la vie, de la chair du Verbe pour parvenir à son esprit : du Fils, en un mot, pour aller au Père, et de Jésus-Christ pour aller à Dieu.

En un mot, ce que nous enseigne le *Journal intime*, c'est qu'après avoir reconnu que le Christianisme est la plus sublime philosophie, on n'a rien dit, et surtout rien gagné, si l'on n'ajoute et si l'on n'éprouve, qu'il est, avant tout, LA RELIGION.

FIN.

# TABLE DES MATIÈRES

Avant-Propos . . . . . . . . . . . . . . . . . . . . . . v
Chapitre I. — Exposition. . . . . . . . . . . . . . 1
Chapitre II. — Historique. . . . . . . . . . . . . . 15
Chapitre III. — Citations. . . . . . . . . . . . . . 42
Chapitre IV. — Réflexions. . . . . . . . . . . . . . 130
Chapitre V. — Conclusion. . . . . . . . . . . . . . 221

FIN DE LA TABLE.

Paris. Imprimerie de P.-A. Bourdier et C<sup>ie</sup>, 30, rue Mazarine.

Printed in June 2023
by Rotomail Italia S.p.A., Vignate (MI) - Italy